catch

catch your eyes；catch your heart；catch your mind……

Catch 232

女子翻轉

謝馬力　著

編輯　連翠茉
校對　呂佳真
美術設計　張士勇
出版者：大塊文化出版股份有限公司
台北市10550南京東路四段25號11樓
www.locuspublishing.com
讀者服務專線：0800-006689 TEL：(02) 87123898
FAX：(02) 87123897
郵撥帳號：18955675
戶名：大塊文化出版股份有限公司
e-mail:locus@locuspublishing.com
法律顧問：董安丹律師、顧慕堯律師

總經銷：大和書報圖書股份有限公司
地址：新北市新莊區五工五路2號
TEL：(02) 89902588 (代表號)　FAX：(02) 22901658
初版一刷：2017年8月
定價：新台幣380元
ISBN 978-986-213-806-9　Printed in Taiwan

謝馬力 著

Flip! Ms!

女子翻轉

序——拆解標籤

因為工作的關係，常有機會和不同領域的朋友討論性別議題。每當話題進展到女性為何無法翻轉性別角色的框架與限制，常有人會歸因於女性的個人能動性或抗壓性不足，覺得女人應該要勇敢為自己爭取權益。這種說法的盲點，在於它忽略了性別角色的社會脈絡。一個女人承接到的壓力，來自這個文化對於女性角色的期待，如果我們要翻轉的是整個文化對於女人的誤解，那麼抵抗這些標籤的責任就不會只落在個人身上。

這也是為什麼我會想要用三十個女人的故事，重新詮釋鑲嵌在女人身上的標籤。這些標籤代表了性別的框架，由內而外層層交疊，從女人的內在特質——包括性別角色、性別氣質，以及對於女性身體、情感的想像；到女性在職場、公共空間、或是社會議題等外在互動場域，都受到了性別框架所限制。我試圖將女性的個人生命經驗，以及社會角色的壓力抽絲剝繭，並且將拆解下來的標籤賦予新的意義，為的就是把傳統的框架擠歪，讓女人可以自在的走過，不用改變自己的形狀。

創作這些女人的過程，對我來說也是一個很好的提醒。因為過去總是站在倡議或是研究的位置，我發現自己會直覺地將個人生命經驗化約為議題，但是書中的女眾，讓我有機會把議題伸展開，甚至把自己的生命也揉了進去。

身為一個三十多歲、未婚、關心社會議題、在職場打拚的胖女子，我的身上貼了無數的標籤，過去我總是用一種帶有距離的方式，批判這個社會對於女性的不友善；現在的我，嘗試著將議題拉回自己身上，老實說這並不是很令人愉快的過程，不過當我開始面對自己的情緒和感受，才真正的邁出了翻轉之路的第一步。

女人的生活總是被大小事給占據，用「夾縫中求生存」來說明是再貼切不過了，很多女性連擠出一兩個小時給自己，都像是一種奢求。本書以短文及插圖的形式，帶領大家走進女性的各種生命處境，希望可以讓各位在各種「生活空隙」中服用，舒心舒壓，例如等待脫水晾衣的十分鐘、接送孩子放學的空檔、甚至是上廁所的時間，都可以拿起來閱讀；同時也推薦男性，趁身旁女性友人放下書的空檔趕緊借過來看，這些拆解標籤的經驗分享，或許也能讓你從男性的傳統角色中獲得釋放。

Flip! Ms!

前言——優雅的翻轉父權

無須改變，老娘就是黃金比例

在性別議題越來越受重視的現在，很多人會覺得，目前的社會裡已經沒有什麼性別的問題了。和上個世代比起來，現在的確有很多資源可以接觸性別議題，但光是個人得覺察、理解和改變，就要花上一段時間，更別提集體的歷程了。

傳統總以「三從四德」規範著女人的德行，為了培養出賢妻良母，歷史上甚至有「女四書」的存在。《女誡》為女四書之首，討論的熱門程度不輸《交換日記》，其玄機在於行文好似咒言，每念一句，就往女人身上扎一針。要女人為生活忍耐，為丈夫打扮，孝敬公婆，專心持家，扎得女人扭曲緊縮。

即便今日已經無人再奉《女誡》為圭臬，但千年來的咒，還是扎在女人身上。要拔除《女誡》的細針，我們得將女人看個仔

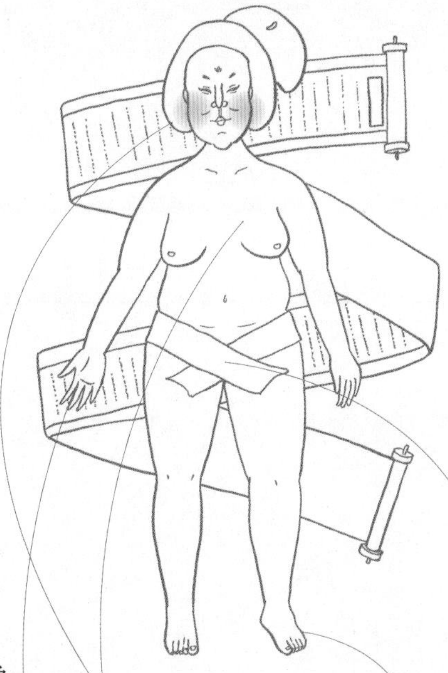

細，從身體到心靈，從習俗到生活，有多少限制，就有多少針刺。隨著細針一根根挑除，我們也把自由種在心裡，

把自在還給女人。

過了千年，女人終究學會了華麗的轉身，**翻越習俗的門檻**，**百無禁忌**；崩解身體標準而面不改色，老娘就是黃金比例；在職場的槍林彈雨中求生，在公共空間找尋掩護；**敞開心胸**，接納**多元情感**；參與**公共議題**討論，

個人即政治。

父權文化長久以來都想改變女性，這次換女人來改變父權。我們的舉止優雅，態度堅定，踏出去的每一步，都將帶著我們回到自己的生命。

翻轉習俗　好男好女

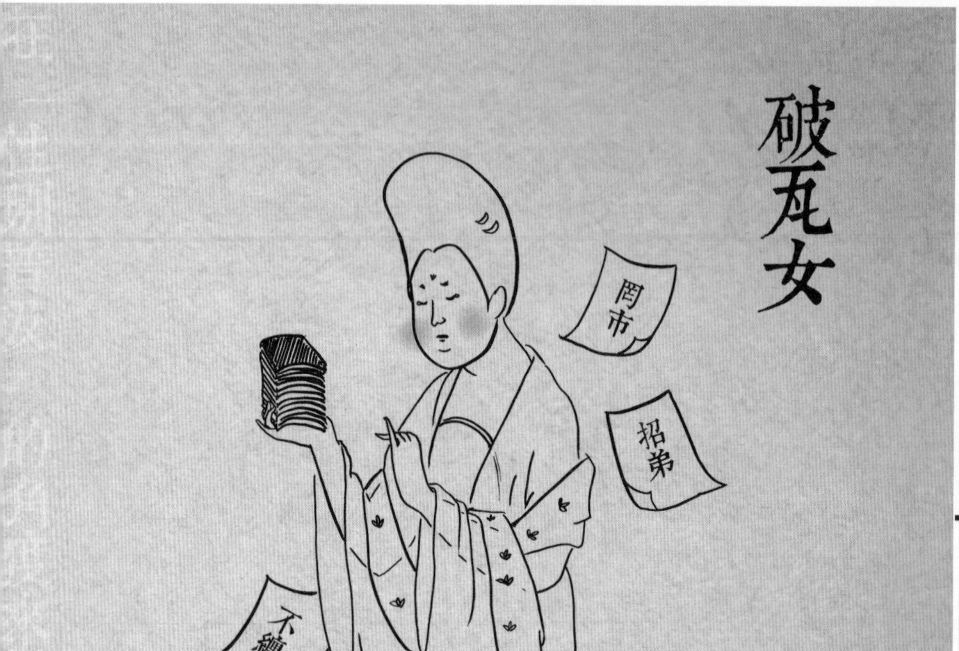
破瓦女
罔市
招弟
不纏

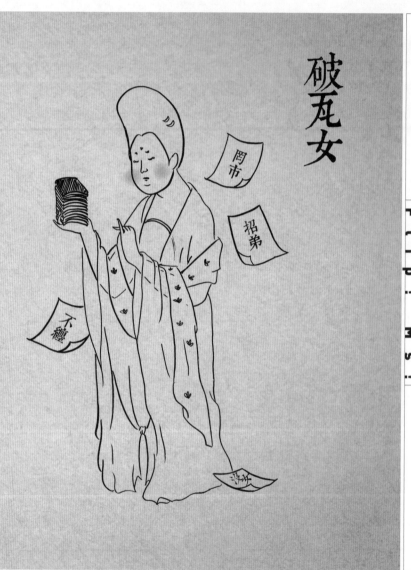

打破重男輕女觀念，
掌握自己命運的女性，
稱爲破瓦女。

破瓦女之所以鍛煉自己空手劈瓦片，是因為她相信女人的命運可以靠自己掌握，這也是為什麼，每次遇到重男輕女的傳統習俗，都會激起她的怒火。在古代要是生了男孩，會在窗前擺放玉飾，受眾人祝福；要是誕下女娃，隨便揮揮瓦片便算交代了，完全沒有家族成員誕生的喜悅。因為在傳統觀念中，男孩長大可以成為農務人力，還可以傳承家族姓氏，延續香火；但女孩長大後是要嫁到別人家的，這種「幫別人養媳婦」的觀念，讓女兒成了一門虧本生意，沒人想做。生了個女兒不只娘親歹命，小女孩也歹命，這些怨念有時甚至會直接崩塌在她的名字上，讓女兒一生被埋在重重瓦片之中。破瓦女覺得傳統的性別宿命論，簡直是要陷女人於不義，她決定循著歲瓦的蹤跡，探訪女人的生命。

恁祖媽的名

破瓦女遇到了歹名五姊妹，她們的名字，簡直是集怨念之大成。大姊叫「不纏」，二姊叫「罔腰」、三姊名「招弟」、四姊喚「來弟」，身為么女的歹命女倒是有個美名，取作「美女」，破瓦女原以為是她們家的長輩良心發現，沒想到仔細一問，發現這個美麗的名字竟然也帶著貶抑。五姊妹向破瓦女傾訴，起名為不纏並不是希望這孩子不黏人，而是取其台語諧音「不要」之意，表示女娃並不是在期待下誕生的。「罔腰」、「罔市」也是台語的諧音，帶有滿滿的無奈與怨念，意思是就隨便的把女娃扶養成人便是了。而「招弟」、「來弟」、「盼弟」系列的企圖就更明顯了，成天喚著就是希望下一胎能夠招來個弟弟。原以為「美女」是期待她貌美如花，沒想到是希望接下來就「沒女」——不要再生女兒了！

女子名女子命

都說名字影響一個人的命格，起了這些歹名天天喚，命再好也給叫衰了。幸的是招弟罔腰隨著社會結構轉變而漸漸式微，不過對於女性的刻板印象可沒消失，只是花了點心思來包裝——怡君宜家，淑貞芬芳。近幾年觀念出現較多鬆綁，與少子化的衝擊有關。對於只生一個孩子的家庭，哪管什麼弄瓦弄璋的傳統習俗，女孩男孩都是東海夜明珠！對破瓦女來說，取名當然要積極進取，有個好名，這樣女兒的命才會好呀！

傳統習俗如何看待女性，從女性的歹名便一目了然。如此厭世的命名哲學，著實壓的女兒們喘不過氣。女孩不受重視，家族的期待全落在男孩身上，從出世就帶著齊家治國平天下的使命，男孩的壓力該有多大。女孩的命運之所以曲折，並非天命使

然，全因傳統對於女人的想像太過狹隘。穿越了幾個世紀，女孩的菜市場名從嫌棄的「罔腰罔市」，變成期盼溫良賢淑的「雅婷怡君」，現在則是期待女孩擁有力量的「詠晴子晴」世代，女孩們總算是撥雲見日，那一疊嫌棄女兒的瓦片，也被破瓦女給一掌擊破了。

白琴女

以歌聲傳遞思念，
告慰思親之情的女性，
稱爲白琴女。

至親離世，子女的失落與悲傷可想而知。在傳統喪禮中，有時會聽到伴隨著音律的悽慘嚎哭，還在想這是誰家的女兒，竟能把哭腔唱得如此專業，這才發現，剛剛獻聲的，是人稱「孝女白琴」的白琴女。白琴女是一位職業歌手，唱的都是哭調仔。其形象源自於七〇年代的布袋戲，劇中女俠白瓊為了葬母行遍萬里，一路引魂，悲泣悼念。白瓊後來被訛音為白琴，角色形象結合了習俗對於女性的定位——「出嫁後不能再侍奉父母，便是不孝」，哭墓的風俗便相應而生。白琴女為喪家痛失至親而唱，為嫁出去的女兒難盡孝道而唱，情感至真，很多人還以為她就是喪家的女兒。白琴的成名之路，和傳統習俗對女兒的想像有著莫大的關係。

男兒有淚不輕彈，女兒有淚淚沾襟

男孩從小就被教養要勇敢、理性、自持，不能顯露出軟弱，當然也不能哭泣。即便遭遇至親離世，心中就算有再多傷痛，也不能表現出來。女孩則被期待培養出溫柔、體貼的個性，要懂得照顧別人，表現出害怕或是哭泣的時候也不會被阻止。對於情感表達的教養差異，讓男性即便是在喪禮中，都必須控制自己的情緒，而女性則是相反，若是太冷靜反而會被解釋成不在意，需要透過激動的情緒來表達追思，才是女兒的孝順，但因為喪葬程序繁複，要在特定的時候哭，又要能收放自如，難度實在太高，後來便延伸出白琴哭墓的習俗。

嫁出去的女兒是外人——哭路頭

傳統習俗中，出嫁的女兒有個「拜別父母」的儀式，感謝父母的養育之恩，由父母將女兒交給女婿，在意義上，女兒此後便被視為外人，許多新娘都會在這個環節淚崩。由於婚後不能再侍奉雙親，女兒們便被冠上不孝的罪名。要是雙親去世，女兒回家奔喪時，便要在巷口扯散頭髮，泣訴自己無法報答養育之恩，再一路跪爬到靈堂，直到有人來攙扶才能起身。因為喪禮程序繁瑣，也有許多人會聘請白琴女來「代哭」，正是為了完成這個禮俗。

從傳統的角度來說，其實是不鼓勵女性和娘家太親近的。有些女性在婚後持續與娘家維持緊密關係，對父母也十分孝順，但習俗仍將她們視為夫家的成員，服喪時便要懺悔自己的不孝。除此之外，就連在墓碑或銘文上，都沒辦法留下女兒的名字，只會呈現家中男嗣的姓名。同一套習俗，既將女性視為外人，又責怪女性不照顧娘家，實在矛盾。白琴女實則是為女性被排拒的生命而哭，她用淚水洗掉《女誡》上的墨跡，用歌聲穿透傳統的高牆，女兒不再分成內人外人，終於可以安身立命。

Now on Sale

珠母女

追求姓氏自主，
翻轉母姓汙名的女性，
稱爲珠母女。

傳統文化以「父系」社會為主，對華人文化的影響，可說是根深柢固，有許多習俗與律法都是以男性為核心，其中最明顯的例子，就是父姓傳承。若家中有孩子出世，起名時大都會直接冠上父親的姓氏。過去的民法甚至明文規定子女要從父姓，雖然這條「管太寬」的法令在二〇一七年已經修改，現在的父母可以自行約定孩子要從父或母姓，但是選擇母姓的家庭還是少之又少。因為從母姓有太多丟不掉的習俗包袱，包含傳統中的父系傳承，或是「抽豬母稅」——也就是入贅汙名。想讓孩子從母姓的女性哪是什麼豬母，她們是孕育美麗珍珠的母貝呀！珠母女的母姓戰場回憶錄，且聽她娓娓道來。

「抽豬母稅」是閩南地區早期的習俗，原本是指農家將母豬借給其他農戶飼養，待其生小豬時，便可抱回幾隻作為租稅，後來沿用到婚嫁制度，成為「招贅婚制」的代稱。在新人結婚時要是談到入贅的想法，可能會讓兩個家族間的喜事變戰事，一觸即發。

香火之戰

在傳統習俗中，珠母女爭取母姓的原因，跟家中沒有男丁有著很大的關係。若是珠母女沒有兄弟，長輩便會擔心家族的香火失傳，因此有很多人會選擇用招贅或是協議的方式，讓珠母女的孩子能從母姓。對珠母女來說，這是因應習俗的權宜之計，但她的丈夫十分抗拒，擔心自家香火也有斷炊危機。這場香火之戰到底要焚盡幾炷香才能分曉，珠母女也沒有答案。

尊嚴之戰

由於戰況僵持，珠母女不得不抽絲剝繭，發現最關鍵的因素其實是「面子問題」。講到入贅和從母姓，似乎是在暗示著夫家條件不好，或是老公「沒路用」。為了維護自己的尊嚴，丈夫當然不能退讓。同為習俗受害者的珠母女，可以理解丈夫的壓力。珠母女很清楚，母姓戰場從來就不是在夫妻之間，習俗的高牆才是該集中火力的目標。

幸福之戰

家族的戰爭停火了，門外的耳語卻沒停過。說到鞏固傳統習俗的最大功臣，可絕對不能忘記「鄰居」！鄰居是種可以身兼總司令、間諜還有傳令兵的可怕族群，一個人就等同一支部隊。要是知道某家孩子從母姓，不消半天整個社區就要淪陷，順帶加上「婚姻不幸福，家庭不美滿」的眉批，連解釋都省了。就連主流家庭都難逃這些口舌壓力，單親家庭就更不用說了。珠母女心想，我的幸福要向左鄰右舍交代，孩子的姓氏也要通過鄰居備審，那接下來

孩子的學費生活費，我就大方的跟街坊募款好了。

從傳姓的戰場倖存，珠母女內心感慨萬千。千百年來人們來她懷中奪珠，沒人問過她的感受，也沒人問過孩子們的感受。在性別意識抬頭的現代，孩子的姓氏還是以父姓為多，顯見這個糾結已久的問題並沒有解決，並且大多數人都低估了習俗的影響力。透過珠母女的血淚集結，終於動搖了不近人情的律法，在二〇一〇年以後，要更改孩子的姓氏，只要證明改姓對未成年的孩子有益處就可以完成。當選擇姓氏成為一件更自由的事，珠母女也離自由更近了一步。

切分女

爲了守護親情，
挺身對抗婚嫁惡習的女性，
稱爲切分女。

小時候和朋友吵架，怒極了想與對方絕交，常會和對方「切八段」。剛經歷完婚禮的切分女，心中餘悸猶存，因為她沒有想到，不過是結個婚，怎麼就和家人「切八段」了呢？如果用台語發音，「切分」聽起來就像「生分」，用來形容切分女的感受，只能說再貼切不過了。婚嫁禮儀中，充滿切斷女性與原生家庭連結的習俗儀式，不只切分女難過，她的家人也感同身受，即便親情之間血濃於水，結了婚，就得將女兒視為另個家庭的人，不然可能會讓女兒在婆家「難做人」。習俗不停的將女性與原生家庭撕裂，只能用「最熟悉的陌生人」來形容切分女的痛楚。說到這裡，大家一定很好奇，到底是哪些婚嫁惡習，讓切分女受到如此大的震撼呢？

一切、放下過去

在迎娶的過程中，會叫新娘拿著一把扇子，將其丟

出禮車外。在台語中，「扇」的發音與「性」很接近，這個動作就是所謂的「放性地」，希望新娘以丟扇的形式，將過去的壞脾氣留在娘家，到了夫家就不能再任性了。不知道還好，聽完這個習俗的由來，切分女火冒三丈，都說愛一個人要愛她的全部，怎麼一結婚就要去蕪存菁？只是結婚，又不是換了個腦袋，對於這種莫名其妙的要求，她只後悔當時沒有丟一台工業用電扇。

二切、再無瓜葛

丟完扇之後，禮車緩緩開出，家人便要在後方潑水，象徵著「嫁出去的女兒等於潑出去的水」，要她不要再回來了。這個儀式在一開始或許是好意，希望女兒在婚姻裡一路順遂，不要因為離婚，或是發生不好的事而回來娘家。隨著時代的轉變，社會對於女性的生命狀態應該要有更多元的詮釋。家人潑

的這桶水，就好像直接倒在女兒的頭上一般，只會讓她身冷心更冷。

切分女曾經看過一部短片，其中一段聊到爸爸在女兒結婚時堅持不潑水，問爸爸原因，他是這樣回答的：「因為家中只有三個女兒，若是切斷了她們和家裡的連結，那三個都嫁出去不就沒有孩子了。我不潑水，是希望她們像海浪一樣，可以一直一直打回岸上，這個家就是她們的港灣。」對切分女來說，這是最完美的答案。

三、重新做人

當切分女下了禮車走進家門口時，發現地上有一個炭火爐，人們簇擁著她跨過，說是去厄除穢，讓夫家越來越旺。切分女覺得荒謬，一般不都是剛出獄的人才會跨火爐，表示要重新做人，一個新娘捧著易燃的婚紗，腳上踩高跟鞋，連路都看不清了，竟還要她做高難度的跨欄動作。不過是結個婚，卻要拿命來搏，要是婚紗點著火燒起來，那可就真的要「重新做人」了。

婚禮當天的儀式，讓切分女有重新投胎之感，娘家就像前世的記憶，下輩子就要在婆家從零開始了。對切分女來說，真正該被切割的不是女兒，是這些刺人的婚嫁惡習！為了正面迎擊這些仇視媳婦的禮俗，她決定組織一個「婦仇者聯盟」，透過媳婦朋友的口耳相傳，凝聚眾多被惡習暗算的女性。她們在網路上發起串連，例如「＃管我初幾回娘家」、「＃珍惜女兒愛重來」、「＃習俗不服從」、「＃成為惡媳抗惡習」等，短時間內引起廣大回響。切分女從個人生命經驗出發，透過創意挺身對抗婚嫁惡習，不再委曲求全。

新生女

即便要適應媳婦身分，
還是努力保有自我的女性，
稱爲新生女。

對於現代女性來說，為了避免「傳說中」的婆媳問題，最理想的狀況，便是在婚後和丈夫搬出來住。但現實是殘酷的，年輕人若是無力負擔高漲的房價，最常見的結果，便是依循傳統，由女方入住到男方家中。這樣的處境，用「轉學生」來形容再貼切不過，這也是新生女的命字由來。新生女到婆家，也有新生報到的流程——小心翼翼的自我介紹，認識周遭環境；花一段時間記起親友的名字，認識彼此的關係動力。若是遇上體貼明理的姻親，那真是上輩子燒了好香；運氣中等的，彼此相敬如賓，井水不犯河水；而下下籤，則是被捲入婆媳戰爭的滾滾洪流之中，若再加上叔伯妯娌進來攪和，劇情怕是比鄉土劇還精彩。新生女在心情不好時，常會聽歌紓解，大家一定很好奇，她的歌單裡有哪些歌曲呢？老師音樂請下……

〈祖母的話〉／劉福助

（作詞：劉福助／作曲：劉福助）

——**樂評**：這首歌曲充滿了對傳統媳婦的期待，除了細數媳婦的「職責」，也反映了新生女的辛酸。歌詞一開始從新生女的作息出發，認為媳婦就是要晚睡早起，晚睡應當是為了料理家務，而早起是為了大家族張羅，甚至還要擔心小姑和小叔的婚嫁大事。後半段歌詞稍有轉折，著墨了「逆媳」的形象——早睡晚起，藉著起床氣暗罵公婆是老木頭。新生女心想，這歌詞實在太不符合現實，若是每天都要五點起床，當然會有起床氣，如果要讓家庭和樂減少衝突，與其擔心妯娌婚事，不如多睡個兩小時還比較實在。

〈說好的幸福呢〉／周杰倫

（作詞：方文山／作曲：周杰倫）

——樂評：這首是新生女點給老公的歌，結婚前的信誓旦旦，說好一起過著幸福快樂的日子，怎麼就變成身心都辛苦過勞的日子呢？傳統的婚姻禮俗，除了入贅的形式，一般嫁娶都是由女性加入男性家庭中，對於男性而言負擔和壓力比較小，至少他們不用適應陌生環境。對新生女來說，老公的角色就像班長，有責任幫助新同學融入這個班級。之所以提起這點，就是不想讓老公選邊站，只要在婆媳或妯娌衝突時，不要立刻退縮，就能從豬隊友變成神戰友。

〈找自己〉／陶喆

（作詞：陶喆／作曲：陶喆）

——**樂評**：最後一首是新生女點給自己的歌，在結婚之前，新生女還一直以不被傳統束縛的新時代女性自居，沒想到自己也有成為「小媳婦」的一天。這就是習俗的可怕之處，它蟄伏在人生的不同階段，只消一個儀式，就能把人逼回傳統的牢籠。新生女在婆家扮演著各種身分，廚師、服務生、清潔員、奉茶童子、照護服務員，只是這些工作沒有支薪，稍有差池，還可能引發家庭戰爭。家務勞動的成就感很低，低到新生女害怕失去自己的價值，以一首〈找自己〉作為提醒，不要忘了照顧自己的需求。

正因為傳統媳婦角色與現今強調的女性自主背道而馳，新生女心中充滿了拉扯，一邊是順應傳統媳婦角色的自己，另一邊是不服氣想要抵抗的自己。有很多媳婦就這樣拉扯了一輩子，離奇的是，等到媳婦熬成婆，似乎都會忘記自己曾經被虧待，轉而守護傳統習俗的價值。但其實這也不難理解，當一個女人選擇遵守遊戲規則，經過多年忍耐退讓，終於爬到了權力的核心，要放手當然很困難。不過婆媳不必然要站在對立的位置，只要回到人與人相處的原則，尊重彼此的界線，和諧的家庭生活絕對不是夢想。

要打破互動僵局，誠實溝通是上策，但家人的相處動力往往不是有溝就會通的，此時一樣需要將老公拉入戰局，透過軍師分析家人過去的習性，才好找出應對之道。丈夫們也要切記，千萬別以為自己只要隔岸觀虎鬥，引的戰火燒到自己可是得不償失。自己的家人自己hold，才是家庭和樂的最好基礎。

伯伯吃點心
好、好！
再吃點水果吧！
走了！
下班了！
快樂點一下！

二

翻轉身體

百無禁忌

月娘女

相傳女性爲月娘化身，
隨著月亮盈缺循環真氣，
故稱月娘女。

月經之於女性，有著複雜的意義與感受。從生理學的角度來看，子宮內膜受到賀爾蒙影響，出現的增厚與剝落現象，便是所謂的月經。

月經象徵著女性身體擁有孕育生命的能力，也有人認為月經可以讓女性更貼近自然，不過對於許多女性來說，擁有月經似乎不是件浪漫的事。還記得初經來潮時的困惑，或是當經血外漏時的困窘嗎？無意間沾染到裙褲或是床單上的血漬不易清洗，恰巧呼應了在許多文化中，不約而同的將月經視為「女性不潔的象徵」。

對於各種月經禁忌，實在讓月娘女哭笑不得。好像月經期間的女性就會長出尖角，生出獠牙，成為一個母夜叉，要生人勿近。月娘女心想，幹嘛為了別人的擔心讓自己受罪，這話又說回來，對於月經的負面印象又是從哪裡來的呢？

華人文化

在華人文化中，經血是身體的穢物，也是一種不潔的象徵。傳統習俗認為經期的女性不能至廟宇拜拜，一是怕穢物對神明不敬，二是擔心女性在經期體弱，會被神明給「沖煞」。從生理的弱質延伸到文化上視女性為卑弱，月經常被視為限制女性的好理由。

尼泊爾的印度教文化

在尼泊爾西部有一種源於印度教的「Chhaupadi」的習俗，在當地的女性只要是月經期間，會具有高度的病毒傳染性，必須待在遠離村落的小屋，有許多女性在隔離期間，因為只能少量進食而影響到健康，也有可能受到其他人或野獸的攻擊。世界上竟然有女性需要搏命才能度過她們的經期，實在令人難以想像。

猶太教文化

傳統猶太教認為女性的月經非常不潔，在月經期間男女不能接觸，連同坐一張椅子都被限制；直到經期結束的七天後，女性要到「淨身池」中浸泡，才能完成象徵性的潔淨。這代表著即便是夫妻，一個月也有至少十二天是不能互相接觸的。

雖然許多文化都將女性視為不潔，但其實也有將月經視為正向力量的例子。例如在斯里蘭卡的女孩，在初經時會得到家人的祝福，慶祝她們成為成熟的女性。而太平洋島國中的烏利西女性，會在經期和哺乳時聚集在小屋中，與尼泊爾不一樣的是，這些女性是在小屋歡慶生育的力量。貶抑如是，歡慶如是，既然每個月都要經歷一次經期，月娘女決定要效法烏利西，跟這些女人一起擁抱自己！

優魔女

擁抱生命不同階段，
崇尚優雅老去的女性，
稱爲優魔女。

對女性外表的要求，不管幾歲都逃不過。從青春期的外型模仿競賽，到成年後追求個人獨特的美麗，原本以為進入中年終於可以放鬆，沒想到近年又出現了「美魔女」的族群，熟齡市場的美麗軍備競賽從此進入戰國時代。激戰之中，有群嚮往優雅老去的「優魔女」誕生了。相較於美魔女對於年輕的追求，優魔女認為，無論是身體機能或是外型，都會隨著年齡而老化。如何老的自在，老的有「態度」，是優魔女所堅持的。這個社會對於年長者總是有許多刻板印象，優魔女決定用她豐富的生命歷練，來為我們上一課。

想像力就是你的超能力

優魔女覺得這句廣告詞說的極好，這個社會對於不一樣的人總是缺乏想像力。女生就應該溫柔，胖子就應該遮肉，老年人就應該穿著花花綠綠的衣服，在公園做外丹功。你的想像力應該不只有這樣，我相信你可以做得更好。要記得，不要為自己設限，也不要為他人設限。看見框架之後就能跳過它，這樣你會活得更開心。

美和性感是一種態度

很多人會告訴年長的女性：「我不是怕老，是怕老得難堪。」彷彿到了這把年紀，身體已經不再美麗，更談不上性感。對優魔女而言，這是因為美在對方心中只有一種標準。鬆弛的肚皮和眼角的細紋讓人失去自信，沒發現自己也像別人一樣，將自己的老去放在第一順位，看不見生命帶來的豐沛底蘊，還有千百種美麗的詮釋。

隨心所向，就是順勢而為

很多女性會被「這不是妳的年齡該做的事」這句話

綑綁。就連瑪丹娜也難逃一劫，在某次公開出席時，穿了一襲露出屁股的性感裝束，後來被媒體攻擊她不服老，都五十幾歲了還敢露臀，瑪丹娜後來回擊：「這就是五十六歲女人的屁股！」瑪丹娜也說明，我們現在不會隨意嘲笑別人的種族或是性傾向，但我們會笑一個女人超過五十歲還敢露屁股。瑪丹娜的霸氣回應，優魔女再贊同不過了。對優魔女來說，只要是她想做的事，就是她的年齡該做的事。

優魔女面對自己的老去是如此泰然，白髮和皺紋並不減損她對自己的愛。真要說有什麼困擾，就是社會對於老年的想像太狹隘。就以買衣服來說好了，到了一定的年紀，能挑選的衣服不是太隆重，就是太隨便，配色更不用說，就像打翻調色盤一般，想找件白淨的上衣配牛仔褲，還不一定有合身的版型。「只能穿禮服套裝，恐怕也是大家對於我們的刻板印象吧！」優魔女笑著說，優雅不急躁。想來她都花了一輩子的時間學著如何善待自己，一定願意等其他人跟上她的腳步的。

肉彈女

指對抗肥胖汙名，
擁抱胖胖身體的女性，
稱爲肉彈女。

有天，肉彈女遇到一隻圓形的貓

「出現了，胖瘦手電筒！」
貓咪從口袋中拿出道具

照別人會把對方變胖

照自己會把自己變瘦

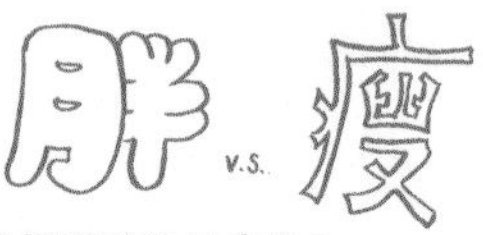

她們選了哪個功能？

常聽人說小時候胖不是胖，但肉彈女打破了這個說法，一路胖到大。圓滾滾的肉彈女，常說自己生錯了時代，若是穿越到唐朝，一定會被封為絕世美女，只怕連楊貴妃都不是她的對手。旁人看肉彈女談笑風生，自我解嘲，總以為她很有自信，殊不知肉彈女花了一輩子的時間，想與自己的身體和解。為了符合「瘦才是美」的主流標準，許多女性每天盯著體重計，生怕多了一點贅肉。肉彈女也是在同樣的壓力下長大的，當然也會內化這些身體焦慮。幸好這幾年越來越多人開始關注身體議題，給了肉彈女很多力量，下列就來分享肉彈女關注的身體行動。

社群網站的傳播效應，使社會議題和個人生活快速的發生關聯，若是想要喚起人們對某個議題的重視，最常用的做法，是用一個簡單的字詞或句子呈現出你想表達的議題，並且用「# hashtag」做為串聯，讓每個

不管哪個功能，都還是在創造身體標準
所以，最後她們選了貓咪的口袋

人都可以參與轉發，成為運動的一份子，肉彈女曾經響應過哪些身體議題行動，跟著她一起看看吧！

#ImNoAngel（#我不是天使）

「#我不是天使」是由美國大尺碼女裝品牌—Lane Bryant發起的口號，其中的「天使」一詞，是為了呼應性感內衣品牌—「維多利亞的秘密」對於旗下模特兒的稱謂。這個行動是希望女性肯定自己的美，就算不像那些天使名模也沒關係。標語搭配著大尺碼模特兒拍攝的內衣廣告，在社群網站發起串聯，表示「性感是由每一位女性來定義的」，引起許多女性的共鳴，在轉貼標語的同時，還會分享自己的照片，就連肉彈女也有響應喔！

#MyBeautyMySay（#我的美麗我做主）

這個標語是由家喻戶曉的美體品牌——多芬（Dove）

所發起的，身為美麗產業的一環，多芬很早就反省到美麗不是只有一種標準，從二〇〇四年開始提倡美麗的多樣性。近期投入的行動，便是「我的美麗我做主」，邀請了許多女性分享身體經驗。不管是胖的、陽剛的、年長的、暴牙的、捲髮的，只要不符合主流標準，都會承受很大的壓力。肉彈女對這個標語深有同感，她覺得自己的美麗，本來就該自己做主啊！

#關你屁事

這個看起來「恰北北」的標語，是由台灣的雙人團體——肉彈甜心所發起的行動。成員Amy與馬力，是兩個胖胖的女生，透過粉絲團和短片討論議題，企圖擠歪主流的美麗框架。這個標語的發想，是為了回應一個不友善的概念——「胖女生自認美麗，是在自欺欺人」。對於肉彈甜心來說，重點在於社會應該要能接受，每個人就是有不同的樣子，如果你不了解對方，隨意評論是很失禮的，肉彈女回應一句「關你屁事」，也是剛好而已啦！

不一樣的身體，帶給肉彈女很多考驗，同時也帶給她們很多禮物。正因為自己就是被主流標準排拒的個體，肉彈女看見許多和她一樣，因為多元特質而被邊緣化的人，她們成為彼此的同溫層，彼此理解，互相支持。主流的美麗標準從來沒有放過任何人，那些只有肉彈女一半體重的美麗女孩，連一公斤也不讓自己放鬆，這種「從來沒有滿意過自己」的感覺，肉彈女相當熟悉。肉彈女決定將這些規範身體的壓力化為動力，用厚實的肩膀作為槓桿，用柔軟的身體作為緩衝，一吋一吋撐開那道名為「美麗」的窄門，讓每個人都可以走得舒服，走得自在。

好孕女
胎

翻轉懷孕禁忌，
擁抱孕婦主體的女性，
稱爲好孕女。

好孕女從懷孕初期到生產，常被要求遵守千奇百怪的禁忌，有些具有醫學根據，有些則是來自習俗，當然也有兩者兼具的說法。例如懷孕前三個月不能告知他人，從民間的角度來看是怕驚動胎神，導致流產，但是從醫學的角度來說，懷孕初期是胚胎發育的階段，有許多不穩定因素，才會發生流產的狀況。此外，孕婦也被禁止使用釘子，或是移動床鋪，甚至連剪刀也不能拿，禁忌的原因大抵都與胎神有關。好孕女一開始樂得輕鬆，後來覺得限制越來越多，什麼事也不能做。好孕女不服氣，在懷孕之前，她都是自己身體的主人，現在的她感覺自己就像個「優質孵蛋器」，好孕女決定來研究懷孕禁忌，要讓好孕變好運。

先做女人，再做一個媽媽

過去的婦女運動有個很重要的概念：「先做人，再做男人或女人。」意思是不要因為一個人的生理性別，產生先入為主的觀念。好孕女挪用了這句話的概念，認為應該要「先做女人，再做一個媽媽」。會有這樣的發想，是因為好孕女發現大部分的習俗禁忌，都與胎神有關，所謂的胎神，指的是附在寶寶身上的神明，為了避免驚動胎神，有很多的孕婦限制。這須懷孕禁忌大部分都是為了寶寶著想，但卻忽略了媽媽的感受。

對好孕女來說，她當然在意寶寶的健康，不過有個開心的媽媽，寶寶也會更開心不是嗎？用釘不慎會釘到手，搬床可能會閃到腰，如果真的擔心好孕女，就要練習把愛說出口，至於是否要接受協助就看她的決定了，懷孕只是會讓好孕女的動作變得慢一些，別再用傳說限制她的行動了。

溫柔生產

好孕女很喜歡聽長輩分享產子的經驗，有時是在家中，有時在田埂便直接生了。這種不透過醫療介入的生產過程，會讓有些人擔心，若是過程中媽媽或寶寶有任何異狀，就沒有醫護人員可以協助了。其實在過去，很多女性會請產婆來協助，產婆未必具有醫療背景，全是靠著經驗接生。

隨著生產成為專門的醫療科別，孕婦常被鼓勵在醫院生產，雖然有完整的醫療協助，但卻讓人感覺較冰冷，甚至產生恐懼。好孕女最想要的，是「溫柔生產」的方式，擬定自己的生產計畫書，包括生產姿勢或方式、產程中的醫療介入、希望由誰陪伴支持等等規畫，既有醫療的協助與保障，又能讓孕婦參與生產的整個過程，讓媽媽和寶寶的感受更加貼近。

好孕女和寶寶分享自己的身體，並且擁抱這些變化，原本避之唯恐不及的色素沉澱、妊娠紋，成了寶寶在她身上創作的潑墨山水；增加的體重就當成戰備糧食，讓她撐過寶寶出生後的兵荒馬亂。好孕女選擇先照顧自己的需求，並不是因為自私，而是她知道一個母親的承擔，必須建立在平衡的身心狀態上。當好孕女越了解懷孕禁忌的意涵，並且嘗試規劃自己想要的溫柔生產，她對自己身體的控制感，也一點一滴的回來了。

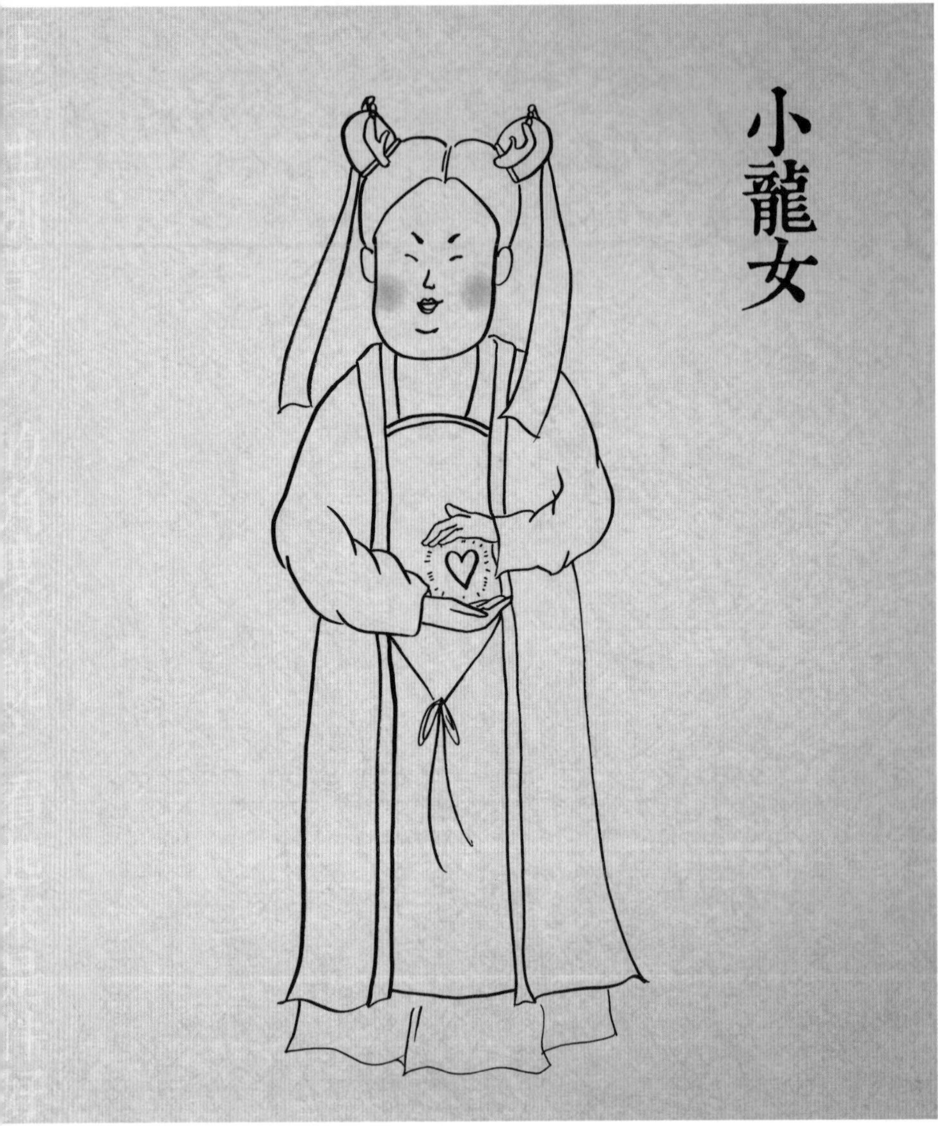
小龍女

挑戰大眾對於恐龍妹的詮釋，
且不受男性評價影響的女性，
稱為小龍女。

你有聽過「恐龍妹」嗎？這是一個女性外貌的形容詞，常見於網路，帶有貶抑與嘲諷的意思。恐龍妹的稱號流傳已久，一九九八年的暢銷網路小說《第一次的親密接觸》，開頭便描述男主角擔心自己遇上恐龍妹網友的心情，還總結了一句「網路無美女」。這種由男性對於女性的外形評價，其實並不少見，只要不符合主流美麗標準，都有可能被稱為恐龍妹。

身為被定義的一方，女性常常感到無力，幸好有位俠女決定挺身而出，她稱自己為「小龍女」，除了挑戰擅自評價女人的男性，更要挑戰大眾對於恐龍妹的詮釋。對於外型的評價，小龍女帥氣的說：「人在江湖飄，哪有不挨刀。只不過女生的修為普遍好一些，不會做這種暗箭傷人的事。要是真遇上了這種人，不妨就當自己是姑姑，度化一下幼稚的楊過囉！」雖然網路有所謂「認真就輸了」的說法，考量到江湖路險，小龍女還是決定傳授兩招古墓派的武學心法，惠予天下女性。

美女拳法——人各有美

這套臨摹各代美人的神韻發展出來的拳法，將不同特質、外型的女人並列為美，有豐潤的玉環、嬌弱的西施、強勢的武后，每個女人的異質性如此之高，何以將其相提並論？說到底，外型標準其實是一種相對概念，就如同唐朝喜胖漢朝喜瘦，一位身形豐腴的小龍女，在亞洲不吃香，到了歐美便化身性感尤物。此外，外型偏好也是一種主觀感受，互看對方不順眼，只是說明你們不是彼此的菜，沒有高下輸贏，也不代表可以在背後議論對方。要記得心法重點在於：「人各有美。」意思是在提醒小龍女們，需要你多放心思的，必定要有可敬的人品，不管在情場或是日常，若是遇到沒緣分或沒禮貌的人便盡早脫身，下一個徒弟會更好。

玉女心經——觀人觀心

玉女心法首重雙人共修，以內力互相引導防護。若是評價小龍女外型的不是陌生人，而是她的親密伴侶，要不受到影響簡直就是不可能的事。坊間常流傳著一種「醜小鴨養成法」的故事，意思是建議在尋找伴侶時，找外型不出色，但是有變身潛力的人交往，再慢慢「改造」對方，等到變美了，卻還保有醜小鴨時期的溫馴個性，將會成為最佳伴侶。這種不滿意對方，想要改造伴侶的心態，會讓關係變得不平等，絕對會讓共修失敗。在親密關係中，觀人和觀心一樣重要，一個人的價值來自整體，若是雙方能看清這點，再進行以雙宿雙飛為前提的交往吧！

說到底，能像小龍女一樣拿回主導權的女性畢竟不多。有些女性在受到其他人評價之前，自己就將自己批評得一文不值。皮膚太粗糙、髮質太差、太矮、太高、太黑、太胖，總是覺得自己條件很差，就像中了情花毒，想到戀愛就絕望。小龍女一貫淡定的說：「就算對方要用任何定義框架你，真正的主導權都還是在自己身上。」就像小龍女扭轉了「恐龍妹」的定義，熟記心法，看見自己的價值，無論遇上怎樣的對手都不會再受到影響，你也可以成為無拘無束、自在自信的武林高手。

三

翻轉職場　珍惜女力

超人女

指如超人般堅毅，
在職場中殺出血路的女性，
稱爲超人女。

要想成為一個成功的主管，專業知能和運籌帷幄可說是基本要件，若是一個男性有這樣好的手腕，莫不稱為將才。但這些必備的特質一旦套用到女性身上，可能會讓她落得「母老虎」的罵名。對於超人女的奚落，常會套用著刻板印象，一邊攻擊她的女性特質，一邊質疑她的專業能力。對於超人女來說，每天在職場廝殺，回到家庭又是另一個戰場，交替應戰，就算是超人也吃不消。身為超人女，每天會面對哪些魔咒呢？

魔咒一、超人女都很情緒化

很多人都害怕上司是女性，覺得女主管都喜怒無常，這是很典型的性別刻板印象。身為管理階層，超人女在帶領團隊解決問題時，必須面對上司的質疑、同儕的競爭還有下屬的挑戰，如果她們不沉著冷靜，可能連一天都撐不下去。對超人女來說，真正的問題在於職場還是以男性特質為判斷標準。女性若想突顯自己，便需要花更多力氣，證明自己可以「做得跟男性一樣好」，一樣理性、一樣確實，假設一位女性員工擁有的是女性特質——感性同理、溫柔溝通，在目前的職場環境裡就不一定有機會升遷。

魔咒二、單身者結不了婚，結婚者顧不了家庭

很多人覺得超人女大部分都是單身，理由是女性若在職業領域投入太多心力，就會無法兼顧家庭生活，像是「敗犬」一詞，就是在形容工作表現很好，卻無心戀愛的三十歲女性，反映了大眾對於女性的扁平想像。就連蔡英文總統，都曾經因為單身的身分，被國外媒體評論為：「政治風格極端，缺乏長程計畫的能力。」這就像在說，一定要透過結婚、組成家庭，才具有規劃的能力，是一種常見的

偏見。對於有伴侶的超人女來說，家人的支持的確會影響她對工作的投入程度。一個成功的女人，背後一定有一個支持她、理解她，並且願意全力支援她的伴侶。

魔咒三、成功的女性都是「婊姐」

在職場上，作風越犀利的女性越會被說成是刻薄、討人厭的角色。電影《穿著PRADA的惡魔》裡的女總編米蘭達，就是一個很好的代表。米蘭達的作為讓全公司的員工對她又敬又怕，無法預測她的心思，但是檯面上不敢踰矩，不代表背地裡也順服。米蘭達深知，當自己再一次離婚，有多少人會等著看她的笑話，說是女魔頭又逼走了一任老公。相較之下，有多少男性總裁不停更換著伴侶，好像把美麗的女人當成獎盃，訴說著他們的成功。

職場充滿著說不破的性別歧視，超人女想要在其中殺出一條血路，需要比男性投注得更多，但即便如此，還是會有人不停質疑你的表現。而女性的性別期待，有很多都跟家庭角色有關，也會影響女性對於職業的投入。每個人一天都只有二十四小時，當你把重心放在工作，勢必會壓縮到家庭生活。不管是感受到社會對於女性角色的期待，或是自己放不下，有許多女性就這樣放棄了職業生涯。Facebook營運長雪若．桑德伯格曾說：「女性最重要的生涯決定，是她是否要一個生活伴侶，還有那個伴侶是誰。」俗話說得好，好的伴侶讓你上天堂，壞的伴侶讓你想退房。性別角色綑綁了女性幾千年，要挑戰這道魔咒說也不難，超人女在公司領導團隊，下了班也需要一個好隊友幫忙，讓超人女無後顧之憂，便能在職場中創造自己的路。

蠟燭女

指女性爲兼顧工作與家庭，
如同蠟燭兩頭燒，
故稱蠟燭女。

東漢《女誡》的婦功，強調女性要做好「分內之事」。所謂份內事，在古時或許只要打點家務即可，但現代社會常需要雙薪才能應付家庭開銷。女性的分內之事也從家庭延伸到職場，每天在家庭與公司打轉，很多女性覺得自己就像一根巨型蠟燭，兩端都點著熊熊火焰。只要老闆臨時要你加班，或是孩子病了得看醫生，還會立刻從一根蠟燭變成一管爆竹，自爆後還得自詡為鳳凰，浴火重生。蠟燭女的辛勞若是化作燭淚，簡直可以再累積成一根新的蠟燭了。

蠟燭女的辛酸淚

蠟燭女每日燃燒自己照亮別人，再旺的火也會有燒盡的一天。因為她們總是將大大小小的事情都當成「分內事」，沒有一刻能放鬆，而蠟燭女的伴侶也常會被其風中殘燭之姿，嚇得魂不附體。要想讓燭光生生不「熄」，可以從蠟燭女們代代相傳的一首籤詩中找到答案：「春風野火可燎原，浴火重生意志堅；隔岸觀火是大忌，薪火相傳終得閒。」

第一句以春風助燃原野上的火苗來比喻，火勢之猛烈足以蔓延至整個山頭。指的是蠟燭女不計代價，終日為了家人、工作燃燒著自己，疲累感不斷累積到難以承受的程度。第二句的「浴火重生」是在說就算蠟燭女燃燒殆盡，為了家人、為了工作，她們還是會收拾自己，再一次面對這些責任。接下來是一個重要的提醒，不管是家人或是同事，請不要「隔岸觀火」，看蠟燭女一個人為了家庭或工作忙碌，因為這正是她們燃燒殆盡的原因。

最後一句用薪火相傳來說明，有時候身旁的每個人多分擔一些，就能減輕蠟燭女肩上的重擔，例如分擔家事與照顧的責任，切莫讓蠟燭女一個人承擔。

當有人幫忙分擔這些永遠做不完的事，蠟燭女才能夠好好休息，照顧自己。

守護蠟燭女的道理簡單，卻不是那麼容易的事。每日的壓力接踵而來，蠟燭女的分內之事又豈有做完的一天？珍惜蠟燭女，讓我們一起從燒毀《女誡》做起，歡迎大家一同加入守護蠟燭女的行列。

送孩子上課後，進辦公室火力全開。
元神覆蓋率100%

下午開會時和廠商拉鋸，耗損30%

趕著下班買菜接小孩。
元神覆蓋率50%

哄小孩睡覺
元神覆蓋率只剩20%

就在蠟炬成灰之際，新的一天又要開始了

天花女

找尋玻璃天花板的縫隙，
挑戰職場性別階級的女性，
稱為天花女。

天花女，一群將生命奉獻給工作的女性，明明年資與經歷都足夠，卻遲遲無法晉升，主要的關鍵，在於「玻璃天花板」的阻隔。這層既厚重又堅不可摧的強化玻璃，詳細的製作過程非常繁複，若將其簡化，大致需要把握幾個步驟：以陳年的性別階級意識作為基底，加入一些嬰兒（對於女性的母職角色期待），再加入一些菸草和酒精（讓女性很難打入的男性應酬文化），攪動一下後待其凝固，不用太講究比例配方，就可以製出基本款的透明天花板。

一位女性工作者即便工作能力很好，對於工作也展現強大野心，甚至與男性職員擁有同等的學經歷，只要安裝了玻璃天花板，都能以相對較低的薪資聘用到CP值超高的天花女，這也是為什麼玻璃天花板的配方歷久不衰，甚至延伸出許多客製化版本，以下就來細細介紹。

經典款

綜觀東西方，女性由家戶進入公領域，都是這個世紀的事。在此之前，企業是一個男性構成的小社會，領導人當然也是男性。當天花女進入職場後，需要和許多男性共同合作，彼此競爭。但是對於家庭角色的期待並沒有放過女性，天花女是一個職員，同時也是妻子、是母親，她的時間必須分散在職場和家庭，但男性卻沒有這層性別角色的顧慮。舉例來說，當老闆想要晉升某位下屬，他會發現男性職員可以義無反顧加班到十點，但女性職員可能五點就得匆匆下班，因為她需要去接送孩子，準備晚餐。另一個讓天花女輸在起跑點的，是公司裡說不破的應酬文化。要想談妥一筆生意，只在會議桌上談是不夠的，咖啡廳、餐廳、酒店，都是談生意的好所在，這些上班時間以外的應酬，天花女能參與幾場？這些人人都知道的小事，正是排除天花女進入主管階層的種種因素。

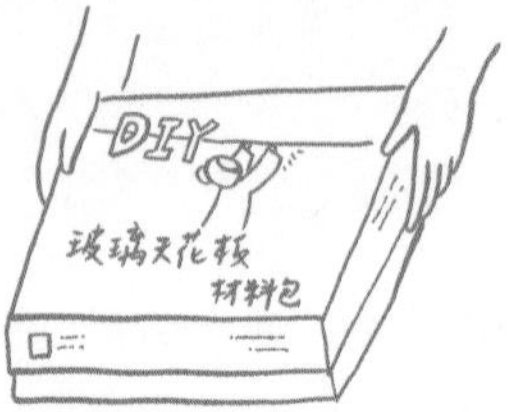

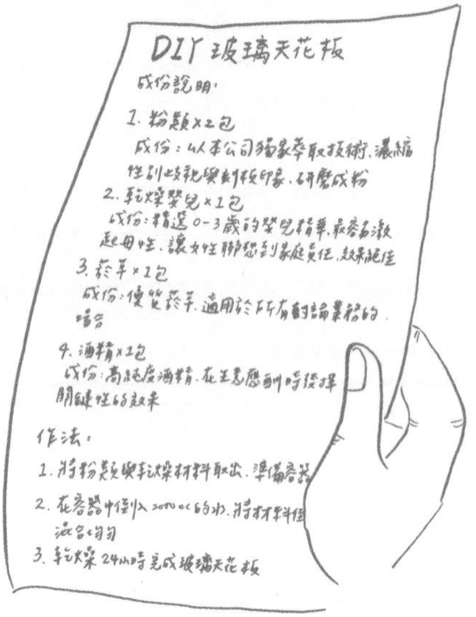

內在的天花板

除了外在因素，天花女發現許多女性在心中內化了一套完美的玻璃天花板。女性常會低估自己在職場上的能力，就算遭遇不平，也很少為自己的薪資或是工作狀態發聲。反正我過兩年就要結婚，乾脆離職好了；請完育嬰假，看來升遷是無望了；我不抽菸不喝酒要怎麼拉生意；隨著問題一個個堆疊，玻璃天花板也越來越低，天花女被封進玻璃裡，就像透明的昆蟲標本，遂被主管拿去當裝飾用的紙鎮了。天花女從這個夢裡驚醒，告訴自己該肯定自己的成就，爭取自己該有的晉升機會，不讓內在的天花板限制住自信與視野，或許外在仍有各種不合理的限制與標準，但天花女會用自己的力量逐一打破。

玻璃天花板引出了對於性別角色的僵化想像，這些限

制除了束縛天花女，對於男性而言，也有不小的壓力。天花女有位男同事，想趁孩子滿三歲前多些時間相處，向公司提出育嬰假申請，卻被老闆拉到一旁，說是有意提拔他升遷，倘若請了育嬰假，這段時間內的工作就要派給別的同事，升遷機會也要拱手讓人。這位爸爸陷入天人交戰，眼看孩子已經兩歲半，育嬰假只剩半年的時間，孩子的成長錯過就不再，同樣的，公司這半年也是業務關鍵時期，升遷的機會錯過了要再等好幾年。最終，這位爸爸選擇了和孩子相處，問他是如何做出決定的，他說：「工作可以再換，但是寶寶只有一個，千金不換！」天花女忍不住為他喝采，決定連這位同事的份一起努力，勇敢爭取這波升遷機會，從玻璃的四個角落慢慢施力，總有一天會將它敲開。

隔山女

克服職業隔離，
勇敢追逐夢想的女性，
稱爲隔山女。

有很多女性因為結婚生子等人生規劃，暫時中斷了職業生涯，等到孩子上學了，想要嘗試強勢回歸工作市場，便遭遇到難處。要不是沒有職缺，不然就是發現自己已經跟不上職場的速度，讓她動起「轉行」的念頭。但每個行業需要的特質和能力大不相同，轉行的難度更高，這些女性深感「隔行如隔山」，便稱自己為隔山女。

好在隔山女最好的特質就是好奇和毅力，為了自己的轉職之路，她做起了市場調查，分析了不同行業的職業需求，發現有些工作的性別比例非常懸殊，例如在幼兒教育界或護理業界，大部分的工作人員都是女性，而工程或機械操作，大部分都是男性任職，有些工作甚至會用「傳統、行規」解釋不能讓女性任職的原因，這個意思是，即便女性想要挑戰行業間的高山，也會因為自己的性別拿不到入山證。隔山女好奇心又起，決定好好了解這些阻礙女性工作選擇的因素。

因著傳承而生的山

在工作領域來說，餐飲業的入行門檻相對較低，但是工作可不輕鬆，若想學到手藝，是要認真拜師的。像日本的壽司師傅，便是以訓練嚴謹而出名的行業，就算有師傅手把手帶著，也要花上數年才可能出師。傳統的壽司界是不收女性學徒的，行內的說法是因為女性的體溫較高，在捏製時會影響壽司的品質；另外則是因為老師傅認為女性在經期或懷孕時，喜好的口味會改變，如果不能維持不變的味覺，壽司就無法維持穩定的口味。隔山女覺得老師傅太不了解，很多女性其實有手腳冰冷的體質，用一年四季都冰冰涼涼的手來捏製壽司，送到客人口中盡是鮮味，再適合不過；況且日本都有用裸女承裝壽司的「女體盛」了，除非他們先將這名女性冷凍起來，否則體溫的考量顯然說不過去。就味覺的部分，很多人也會隨著年齡、抽菸等各種狀況而改變口味，怎麼就略過不計了？

因著傳說而生成的山

在海洋運輸領域，可能是因為有著鮮明的海妖傳說，很多船員相信只要有女性上甲板，就會招來壞運。這也是為什麼海運界鮮少看到女船員，更別提女船長了。陽明海運到二〇一三年才出現第一位女船長，在海運界是第一次突破生理性別的限制，打開業界任用女性的先例。

隔山女覺得很奇怪，船員們出海時也都會向媽祖請求保佑，難道忘記媽祖也是一位女神，在她的默娘時代也是有月經的。

媽祖不偏心，有月經沒月經都一樣保佑了，船上的月經禁忌當然也該丟掉囉！除了海上，路上也有月經警報。像是造橋挖隧道等工程類的工作，過去也都忌諱女性參與。

因著傳統而生成的山

隔山女也發現，很多行業雖然沒有排拒女性，但從職場現況看來，性別比例就是有著明顯的差距，男女皆然，這樣的職業分布對照到教育體系中的「男理工、女人文」狀況，可說是不謀而合。孩子們接收了社會對於性別角色的傳統期待，反映在自己的分組選擇，連動影響了職場的性別分布狀況，隔山女這才領悟到，原來性別限定的職涯高山，是每個參與其中的人一起堆砌出來的，隔山女總結一句：「性別養成術真的是個很可怕的東西。」

上述的職業區隔現象，有些是月經迷思的變種病毒，有些是對女性的錯誤認知，有些則是在性別養成的教育中，被強化放大的刻板印象。

隔山女在探究職涯的過程中，遇到很多努力翻轉性別限制的女性，她們對於工作的熱情，也燃起了隔山女對自己轉職的希望。隨著性別教育的推動，以及性別工作平等法的保障，許多職業的性別限制已經逐漸消失，就像在這些阻隔性別的高山中間開了山洞，不分性別，都可以做自己喜歡的工作，盡情揮灑自己的天分。

隔山女為穿越山洞的女孩喝采，當有任何人跟你說做不到的時候，請把它拋在腦後，盡力去挑戰吧！

四

翻轉空間　暢行無阻

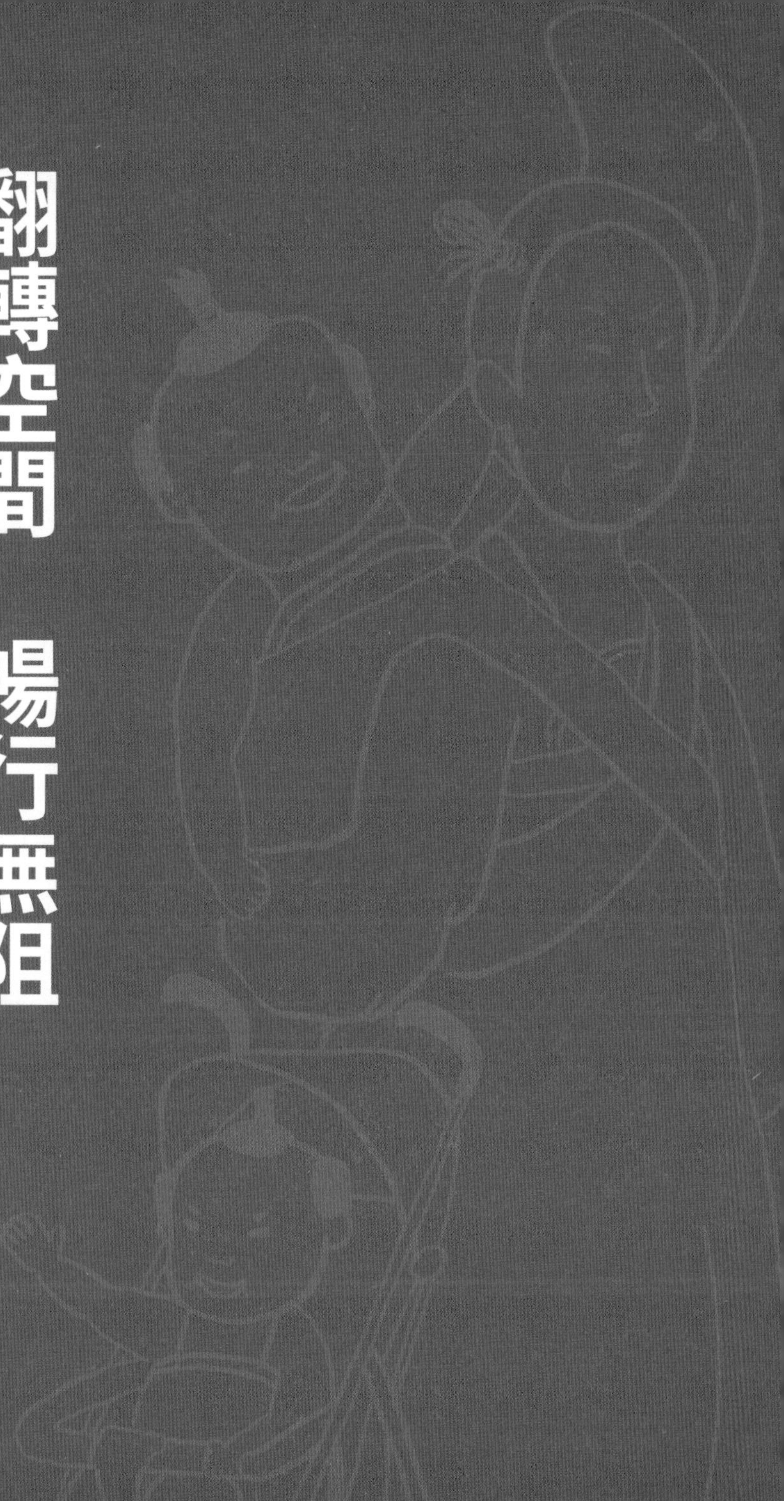

忍恭女

關注女廁設計，
燃起女廁革命的女性，
稱作忍恭女。

「恭」字在古語代表「如廁」的意思，考生在科舉時若想上廁所，得和主考官領取一個「出恭入敬」的牌子，才能離開考場解決內急，十分麻煩。對現代的女性來說，上廁所也是件麻煩事。

大部分的公共場所雖然有設置廁所，但只要人潮較多，女廁便會出現排隊人龍。眼看忍恭女的雙腿就要絞成麻花狀，好不容易排到的廁間卻可能像災難現場，悲憤的心情可不是誰都能忍的。

有些忍恭女的忍功一流，外出時乾脆不喝水不上廁所，差點憋出病來。忍恭女的辛酸淚，暫且聽她娓娓道來。

一忍排隊人潮無盡頭

「排隊等廁所」可說是許多女性的共同經驗。只要人潮稍微多一些，等上十分鐘都還算快的，就算尿急也只能默念長恨歌。其實現在公共場所的廁間數量是有比例限制的，建築法規在二〇〇六年曾進行修訂，考量女性上廁所的時間為男性的兩倍左右，公共場所的男女廁比例便不能低於一比三。這樣的空間分配稍微疏通了人潮，但在某些人潮密集的區域，使用女廁還是需要等候；若是建築在法規頒布之前就建好，很可能也無法更動硬體設計。

二忍廁間髒亂欲作嘔

對於忍恭女來說，好不容易排到廁所，一進門卻常看到滿地尿漬或堆積如山的廁紙，只能說欲哭無淚。由於女性的生理構造，在排尿時確實較容易弄髒廁間，擦拭用的廁紙若是不清理，那就更可怕了。要改善廁所環境最好的方式便是提高打掃頻率，近年政府也在推廣使用可溶於水的廁紙，使用完便將其丟至馬桶，便不會累積廁間中的垃圾造成髒亂。

三忍地處偏僻安全憂

由於建築物管線的配置考量，通常會將廁所建在較角落的位置。讓許多忍恭女對於上廁所抱持著擔心，例如被偷窺、偷拍，或是害怕有人潛伏其中。對於這些擔憂，可以用設計的巧思來解決，例如在隔間的設計上，將牆板延伸至天花板和地面，便器的角度朝向側面或門外，讓使用者可以看到廁間的狀況，便能增加安全性；此外，加裝反針孔的偵測器材或是加強巡邏，都是降低廁間危險的做法。

忍恭女的願望很渺小，不過就是想要安心舒服的解放。只要在空間設計和維護上多花一些心思，就能完成她的願望。

忍恭女在出遊時總是觀察著不同的廁間設計，將好的設計紀錄下來，她的朋友總是笑她：「妳建築系的喔？」對於忍恭女來說，上廁所是每天都要進行

很多次的大事，當然要好好關注。

忍恭女最近還觀察到她的跨性別朋友也有許多「廁所困擾」，過來人的她深有同感，決定為朋友們請命，她參加了幾個性別友善廁所的公聽會，得知在部分的大學和公共場所，都有這樣的設計，但還是不普及，燃起忍恭女的廁所魂。當女廁的狀況逐漸好轉，接下來忍恭女要投入性別友善廁所的運動，設計不分性別都可以使用的廁所，讓所有人都不再需要「忍人所不能忍」。

帯子女

指在育兒關卡中，
不斷進化的勇敢女性，
稱爲帶子女。

對於家有稚子的帶子女來說，出門就像是一種修行。幼兒的情緒和需求是很難捉摸的，大喜大悲來去如風。有時候孩子像個小天使，明明對著帶子女笑，卻笑得她心裡發寒，因為帶子女知道，下一秒孩子可能就會在地上打滾大哭。帶子女焦慮的並不是孩子的情緒，孩子會哭鬧是因為有需求卻不知道怎麼表達，只要花些時間理解，安撫孩子的情緒，很快就可以讓他冷靜下來。讓帶子女倍感壓力的，是周遭嫌棄的眼光，是公共空間的不友善。帶子女的一天，從推開家門起，就開始了一場冒險。

第一關、人行通道

帶子女遇到的第一個關卡，就是高低不平的人行通道。柏油路處處補丁，下水道孔蓋忽地突起忽地下陷，人行道停滿機車，只剩一人通行的寬度；騎樓通道隨著店面住家，每隔三公尺變換一種地磚材

質，高低差達兩個階梯的也是大有所在。帶子女推著娃娃車，覺得自己就像超級瑪利歐裡的恐龍耀西，背著瑪利歐，小心著路面段差，不停跳起翻滾，畢竟孩子受傷可不像瑪利歐一樣可以接關。短短五十公尺，走到她火冒三丈，覺得自己就像吞了火焰花。

第二關、大眾運輸

推進到大眾運輸的關卡，帶子女在公車、捷運和火車上，遇到了不同的考驗。公車視車型不同，新式的無障礙設計在出入口沒有階梯，比較方便娃娃車的通行，舊式車款會因為階梯而很難上下，除此之外，車輛停留的時間也讓帶子女很有壓力；若是乘坐捷運，大部分都有無障礙設計，帶子女的壓力會減輕一些，不過進出站的電梯通常設計在角落，所以需要多花一些時間和腳程來移動；乘坐火車的壓

力，則是來自於移動時間較長，若孩子需要哺乳、換尿布，火車上的空間更不便進行。

第三關、親子廁所

關於親子廁所的設計，很多人會聯想到尿布檯。以目前的廁所設施，尿布檯大部分設置在女廁或是無障礙廁所內，男廁則較少見，原因無他，因為育兒的工作和男性角色較少見。除了尿布檯，孩子通常得使用成人的馬桶，只有在少數的「高級」廁所才會見到幼兒馬桶。孩子要上廁所時，帶子女只能將孩子騰空抱起，二頭肌愈發結實。

另外，若是帶子女自己想上廁所，常常只能叫孩子站在廁間等待，曾在日本的廁所看過固定式兒童安全座椅，讓大人在上廁所時無後顧之憂，這讓帶子女好生羨慕。

第四關、哺乳室

對於選擇親餵的帶子女來說，哺乳室是很重要的空間。根據「公共場所母乳哺育條例法」規定，一般公共場所需要設置哺乳室，原本體貼親子的政策，執行下來卻有一些問題，例如空間太狹小、隱秘性不夠、設備太簡陋等狀況。有些媽媽放棄使用哺乳室，選擇用哺乳巾掩住孩子，機動性雖然較高，但帶子女心想，要是換成自己吃飯時有塊布巾蓋在臉上，那該有多悶熱。

第五關、路人大魔王

帶子女到了最後一關，遇到了最難纏的對手，也就是路人。很多時候，大眾對於照顧幼子的家長是沒有耐心的，更別提同理了。孩子哭鬧時，周遭的眼光很少是善意關懷，比較多是不耐與責怪，臭臉還算事小，有些路人甚至會拍照錄影放上網路，讓陌

生人批評指教。另外，太過友善也可能成為壓力，覺得孩子可愛便亂摸亂捏，或是想要幫忙管教的人，比我們想像的還多，帶子女一心只想吃下無敵星星，把這些人都撞飛，圖個清靜。

每天挑戰這些育兒關卡，帶子女心想，哪天不是自動接關，就是她自動關機了。但說也神奇，不管她多疲憊沮喪，只要看到孩子睡著的小臉，就好像充電一般，讓她有力量迎接新的挑戰。為了增加戰力，帶子女決定加入育兒團體，積極反應公共空間的問題；對於路人大魔王，帶子女選擇號召伴侶，兩個角色互相替換，也好有個照應。育兒這條路，帶子女將關關難過關關過。

WORLD 5-1
T x 1

WORLD ♡
T x 5

牧羊女

反對保護主義，
捍衛身體自主的女性，
稱為牧羊女。

在放牧時，為了確保羊群不會被惡狼吞噬，總會在天黑之際將羊群趕進柵欄，好保護這些脆弱的羔羊。這種保護羊群的方式，也很常使用在女性身上。究竟是女性脆弱，還是一種過度保護？抑或是惡狼可怕又可恨的形象，太過深植人心？

要回答這幾個問題，我們可以從女性的養成教育說起。女性對於人身安全的危機感，從很小的時候就開始成形。大人總是叮嚀女孩子小心人身安全，隨著年齡漸長，這些限制也持續增加。就是這種假設，讓公共空間看似充滿危機，甚至發展出「以保障女性安全為前提」的「現代羊圈」設計。

有一群女孩不解，為何環境的危險或敵意，要由女性個人承擔？她們不是羔羊，她們是捍衛自身安全的「牧羊女」，要來檢視這些羊圈的必要性。

羊圈一、女性專用車廂

台鐵曾在二〇〇六年推動「女性專用車廂」，限定某節車廂只能給女性使用。由於車廂的空間狹小，在通勤時段會湧入大量乘客，彼此緊貼，身體距離在物理上被壓縮到極致，進犯他人身體界線變成一件簡單的事。「女性專用車廂」的設計構想最初來自日本，由於日本電車性騷擾事件頻傳，隔離似乎是最好的方式。

女性專用車廂在台灣實行時，引起許多爭議，牧羊女認為，防治性騷擾的關鍵，應該是教育每個人尊重他人的身體自主與界線，而不是將女性看成潛在被害者，規定她們使用某個空間；假使女性是在非女性專用車廂被性騷擾，是不是就會被奚落沒有好好保護自己？此外，這種將男性當成嫌疑犯的做法，對男性也不公平。關於女性專用車廂的設計，最後由於執行效果不彰，在半年後便取消了。

羊圈二、夜間婦女等候區

在台鐵的女性車廂之後，台北捷運也設計了「夜間婦女等候區」，意思是在月台的指定區域有較多監視器，提供婦女於夜間候車時使用。這個名稱設計也巧妙的反映出「女性較需要保護」的訊息，與女性專用車廂有著一樣的盲點。就實際使用狀況，以牧羊女的觀察，只要是在人少的深夜時段候車，每個人都會下意識警戒周遭動態，並非只有女性會擔憂人身安全。要因應這些安全需求，可以增加巡邏人力，或是直接從公民教育下手，見到有人需要幫忙，便能及時伸出援手。順帶一提，這個區域的名稱後來修改為「夜間安心等候區」，至今在台北捷運都還看得見。

我們花了太多時間想要「保護」女性，處處標記危險，要女孩繞道而行，卻沒有思考身體界線何以模糊，侵犯事件一再發生。牧羊女覺得，這種保護性的

做法，常常會矯枉過正，許多男性都害怕自己被視為加害者，日本甚至出現開放「男性專用車廂」的聲浪，讓男性可以自在乘車，不會被視為癡漢。牧羊女認為，積極的做法是從小教導女孩男孩什麼叫作身體自主權，過去總是用「有穿泳衣的地方不要給人家碰到」教導孩子判斷，這樣的邏輯有個大問題——難道其他地方可以讓人隨便碰觸嗎？

我們現在會跟孩子說：「當你不想被碰觸，不管是哪裡，都要告訴別人不可以。」一旦孩子有了身體自主權的概念，就可以像牧羊女，成為自己身體的主人。

五

翻轉情感　有愛無類

紅包女

不管在陽世陰間，
都追求自主的女性，
稱爲紅包女。

有許多男孩在成長過程中被告誡，假使在路上看到一個紅包袋，可千萬別撿起來，因為那裡面裝的可能不是錢，而是寫著生成八字的紙條，撿到的男性就要準備娶老婆了。這就是民間文化中的「娶神主」，也就是冥婚。目前在台灣還是時有所聞，像是宜蘭地區還有透過媒妁之言的「跨界」喜事。冥婚的主角——「紅包女」她的形象可沒有名字來得喜氣。一般人提到紅包女，想到的都是她未嫁先亡、含恨而終，汲汲營營想要找個活人老公。但各位有所不知，讓紅包女又怒又怨的可不是沒有對象，而是她到了另一個世界還不能自由。

紅包女之所以在死後還得被逼著找伴，與華人的傳統習俗可說是脫不了干係。以下將分享由紅包女票選出來的怨念金句，來看看究竟是女鬼可怕，還是古老的習俗比較可怕。

男有後，女有終

華人的傳統家庭習俗，常以父系為核心，傳宗接代的責任，全都落在男丁身上。男性結婚生子可以傳承姓氏，延續家族香火；女性在婚後則被視為夫家的一分子，不但無法傳承自己的姓氏，老一輩的女性甚至自己也會冠夫姓，死後則是進入夫家的祠堂。就像「查某人，三世無厝」這句俚語，就是在說女人在前世、現世和下輩子，都沒有自己的家，唯有透過結婚後進入夫家，才是最後的依歸。

厝內不能奉祀姑婆

這句俚語中的「姑婆」，是指家中未婚嫁的女性長輩。在華人的習俗中，家族中若有未婚的女性去世，是不能像祖先一樣設立牌位，在自己家中接受子孫香火的。在這樣的觀念裡，已婚的女性會被視為「外頭家神」——也就是別人家的祖先，如果是

融合陰間、陰柔美學與習俗對話。

未婚或離婚的女性，死後魂魄便沒有地方可去，只能加入紅包女的行列了。

孤娘芳魂，不安則厲

除了上述的習俗，紅包女之所以被逼婚，還有一個關鍵因素——傳統認為未婚亡故的女性因身後無人祭拜，可能會化作厲鬼。要安頓芳魂，可以透過一樁婚事，或是幫她找個棲身之所——也就是所謂的「姑娘廟」。目前在各地都還有姑娘廟的存在，用現代人的話來說，也可以叫作「單身女性集合式陰宅」，讓這些女性不用再開發未來陌生夫婿。雖然姑娘廟可以說是一種解套，但是對於非自願入住的紅包女來說，仍然是有家歸不得。

這些關於婚嫁或生育的習俗，對男性而言，有時是一種特權，也可能成為壓力——如果你是個單身主

義者或是頂客族，可會被冠上不孝的大帽子。但是單身的男性在死後還是可以回到家中祠堂，還是比女性來得幸運。對女性來說，結了婚得和陌生的家族裝熟，辛苦懷胎的孩子也不能跟自己姓；沒結婚的女性，活著被笑敗犬，死了被叫女鬼，這樣的衰小到底有沒有終點？只能說傳統不但沒放過活著的女人，連離世的也難逃魔爪啊！其實紅包女在陰間努力的目標，才不是要找個活人丈夫，那些壓力她在生前就受夠了，死後當然不想繼續承擔。紅包女見以前的姊妹只能住在姑娘廟，她現在的願望就是蓋一間單身女性集合式陰宅，不管是自己住，或是和姊妹同住，只要不住在陽間的婚姻牢籠，都很自在，紅包也是給自己的入厝賀禮，請不要再誤會她們囉！

虹彩女

勇敢追尋真愛，
以彩虹爲力量來源的女同志，
稱爲虹彩女。

對虹彩女來說，愛己所愛是很自然的事，她不在意所愛之人的性別，只在意彼此的靈魂是否能產生共鳴。在還沒有同志教育的年代，喜歡上女生這件事，對虹彩女孩是充滿困惑且不安的。

她的目光總是追尋著某個高馬尾女孩，不說破的羈絆，比手帕交再深一點的關係。當虹彩女看到兩個功課好的女孩，在郊區的旅館仰藥自殺的新聞，她有點擔心，或許這個社會生存的本質也不適合她，面對愛情變得被動。

到了這幾年，身旁越來越多人投入同志運動，她想著自己也該勇敢一點，於是挪用了彩虹旗的意象，稱自己為虹彩女。虹彩女常說她在學著看見自己，看見性別，看見文化，以下將分享幾部喜歡的作品，請大家跟著虹彩女的視野，看看這個彩虹世界。

《藍色大門》

這部由台灣導演易智言拍攝的電影，從高中生的角度出發，描寫女主角對於同志身分的覺察，以及關於愛情的想像。那些穿廊間的耳語，小紙條的秘密，聽著喜歡的女生說出另一個男孩的名字，心中微微酸楚，孟克柔經歷過的一切，虹彩女都懂。那種發現自己喜歡上女孩的心虛，還有讓友誼變質的罪惡感，也曾經讓她焦慮。青春期的騷動，任誰都無能為力，不過因為不被理解而逝去的年輕生命，是不能再多了。讓孩子了解世界上本來就有不一樣的人，不一樣的愛，不管是愛女孩的女孩，或是愛男孩的男孩，都可以勇敢的表達自己，擇其所愛，這是虹彩女學到的最重要的事。

《得閒炒飯》

年少時期相濡以沫的兩個女孩，走散後在愛情裡繞了一圈，又再度重逢。整部片以輕快的節奏呈現兩個女人的愛情，她們事業有成，情慾自主；她們的認同是雙性戀，相遇時兩人都因一夜情而懷孕，順勢從愛情討論到成家，虹彩女很喜歡這部戀愛小品描繪出的未來。虹彩女不知道自己四十歲、五十歲會是什麼樣子，不過她知道，身為女同志，不代表你需要對人生做出任何妥協。

《僞婚男女》

這部短篇影集以中國特有的同志文化——「形婚」為主題，以一對形婚的同志出發，談到傳統文化對於子女傳宗接代的壓力。所謂的「形婚」，是指中國社會的男女同志，為了給家人一個交代，以「形式婚姻」的概念結為夫妻，婚後各自和自己的伴侶交往，只有在逢年過節時陪對方回家，逢場作戲，有不少同志都視形婚為同志身分的解套。形婚是同志

在異性戀社會的生存策略，但可能也將同志推入深櫃，社會也就看不見同志真正的需求。

虹彩女從自己的生命與愛情出發，開始關心議題，也投入議題。在亞洲地區，台灣社會是對同志相對友善的國家，每年的同志大遊行，總是可以吸引世界各地的同志共襄盛舉。除此之外，靠著同志團體的努力，近幾年在政策上也有回應。

二〇一七年，透過大法官釋憲，肯認了同性婚姻是基本人權。虹彩女曾因同志身分而退縮，現在的她，從同志認同找回力量。虹彩女對於未來很有信心，一個適合所有人生活的社會，就在不遠處。

黃金女

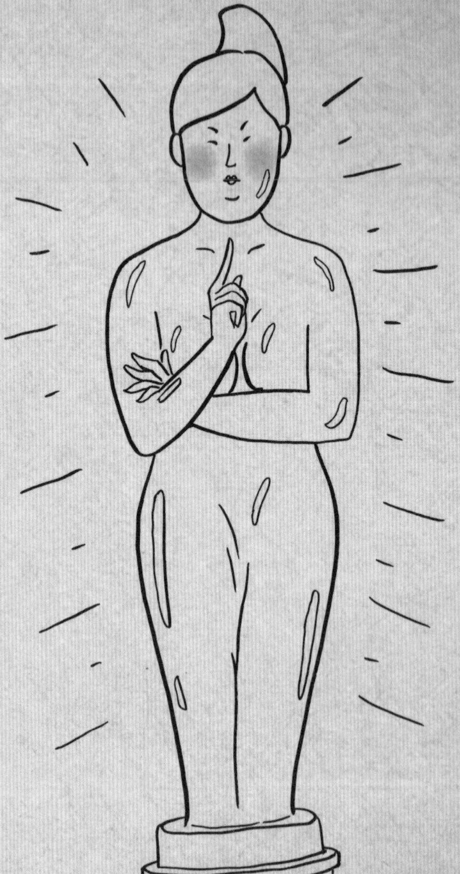

奉行自由、自主、自信，
將自我淬煉成金的女性，
稱爲黃金女。

一個擁有穩定工作，過了三十幾歲還單身未婚的男性，常有「鑽石王老五」的美稱。若將相同條件置換到女性身上，則會換來「敗犬」、「剩女」等稱謂。社會一邊奚落，認為年過三十的女性，就像過了賞味期限的滯銷品；另一方面否定女性對於單身的認同與追求，好像單身是因為別無選擇。黃金女對於這樣的定義不以為然，她認真投入工作，享受每一天的生活，有餘裕時便出國度假，身旁的女性朋友無不投以羨慕的眼光。黃金女要為單身女性正名，她們在這個充滿單身歧視的世界中，可是經過無數鍛造，才將自己淬煉成金，以黃金單身女郎稱之，毫不遜色。黃金女的試煉之路，且聽她娓娓道來。

第一關、三十拉警報，再老沒人要

想要一秒激怒黃金女，最簡單的方法就是問她：「為什麼不結婚？」這個問句出現的高峰會是在三十歲左右，伴隨著黃金女的收入提高，事業有成，這個問句出現的頻率只會成等比例的提升；彷彿各種成就的優點，都比不上「結婚」這個人生至高點！黃金女常在心中吶喊：「結不結婚到底干卿底事？」對黃金女來說，成就自己的方式有很多，妳可以享受工作帶來的成就喜悅，也可以享受單身逍遙的無拘無束，只要忠於自己，就不會有那麼多委屈或不得已。如果女性的歸屬只能化約為結不結婚的選項，黃金女也想問：「為什麼你要結婚？」如果這個答案僅是「因為女大當嫁，男大當婚」，黃金女將更了解自己的價值，因為她絕不待價而沽。

第二關、家庭是幸福的基本配備

一位男性政治人物曾經表示：「目前三十歲以上女性有百分之三十不結婚，將造成國安問題。」引起軒然大波。黃金女覺得不可思議，國安問題如果可以由結婚來解決，想必我們也不用編列這麼多的國防預算，直接利用配對方式來達成人口政策的KPI即可。社會對於單身女性的漠視，從政府的補助政策到日常空間的規劃都可見一斑。近年推動的青年成家方案，便以傳統家庭為主要申請資格，但是都市中的生活形態正在改變，單身獨居、伴侶同居或是朋友共居的多元家庭形式，幾乎是隱形的，像報稅或是其他社會福利就更不用說了。看在黃金女眼中，這就像是選擇自由自主的生活還要被課徵「自由稅」一般，令人無奈。

第三關、等一個人咖啡

如果你曾留意公共空間的設計，就會發現社會對於單身者的限制無所不在。以日常消費的店家為例，大多數的用餐空間都是以兩人座的設計為主，每當黃金女去用餐，總會被店員再三確認：「小姐你一個人嗎？」讓黃金女實在很想回答：「難不成你有看到別人？」碰到不友善的店員，還會收到同情的掃視，或是以「沒有單獨座位的理由」要求久候。若是遇到人潮眾多的用餐時段，三兩成群的客人無不虎視眈眈，就像在譴責黃金女一個人占據了兩個位子，逼得她狼吞虎嚥，讓出自己的空間。黃金女心中有一個集資開店的夢想，一個人餐廳，一個人咖啡廳，一個人KTV，各種舒適的個人空間，讓每個黃金女都能在生活的片刻自在獨處。

黃金女在這條試煉之路遇到了不少的險阻，獨自一個人面對他人的質疑、政策的缺失、空間的不友善。她知道，這條自主之路本屬不易，傳統對於「女無夫，身無主」的恐嚇簡直根深柢固，需要透過更有創意的方法來打破。除了開闢個人空間，黃金女也從自身的經驗出發，回應公共政策的盲點。承擔著照顧角色的單身女性，一方面擔心自己無力奉養長輩，另一方面也會擔心自己老無所終，這些個人化的承擔往上拉到公共議題的層面，會發現長照政策扮演了關鍵性的角色。面對越來越多元的關係樣態，社會也應該要更有彈性與創意，黃金女發想了一個「單身黃金屋」的住宅形式，讓單身者彼此互相照應。對黃金女來說，她就是自己生命的舵手，無論有沒有「夫」，都能自己做主，開心自在。

單身『金』濟

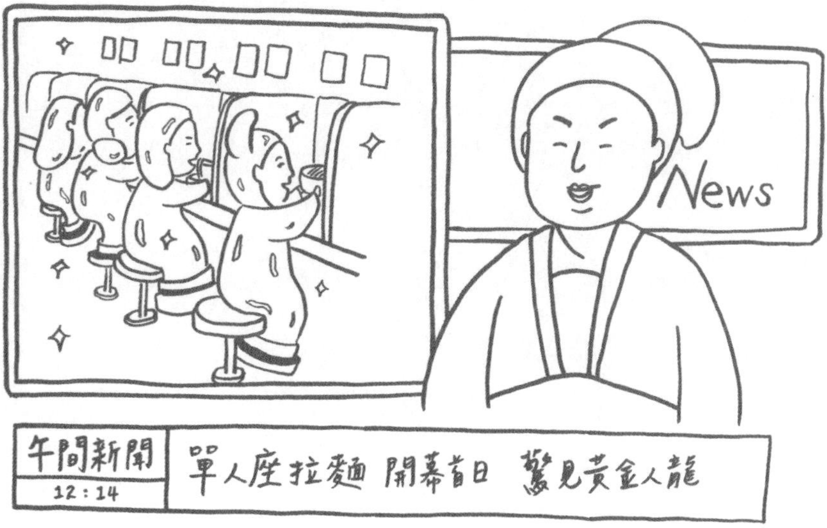
News
午間新聞
12:14
單人座拉麵 開幕首日 驚見黃金人龍

肉食女

打破性汙名，
擁抱個人情慾主體的女性，
稱爲肉食女。

肉食女者人如其名，喜歡探索身體，享受性愛，覺得性是造物者送給人類最棒的禮物。很少有女性像肉食女一樣，對於性表現出積極的態度。這是因為在女孩的養成教育中，性是一個禁忌，老師不知道怎麼教，家長不知道怎麼談，乾脆就把性推給神仙教母——等你收到這份成年禮，自然就會知道了。肉食女也是在這樣的環境下長大的，還好現在資訊發達，加上她勤勉向學，終究是摸索出自己的性愛哲學之路。相較於肉食女的刻苦自學，男孩對於性就擁有較多資源，雖然A片對於女性還是有不切實際的幻想和詮釋，但至少開闢了性的討論空間。如果把性抽離女孩的世界，她不會知道自己喜歡什麼，討厭什麼，想要的時候如何表達，不想要的時候如何拒絕。肉食女想要召集一個性感讀書會，打破那個只能做不能說的結界，讓女性看見自己的慾望，到底有哪些人受邀參與呢？

《慾望城市》的莎曼珊

在慾望城市的四位女主角中，莎曼珊可說是最誠實面對自己慾望的一位，性愛於她就像水和空氣一般不可或缺，遇上自己喜歡的類型便大方邀約，入幕之賓從未間斷。她「忠於自我」的作風引起很多評論，面對那些蕩婦羞辱，莎曼珊自有一套因應哲學。她在劇中曾說過一句名言：「如果我要在意每個女人在背後是怎樣說我的，那我根本不用出門了。」可以說是天下肉食女的典範！在面臨情感拉扯時，也選擇誠實回應：「我愛你，但我更愛自己。」莎曼珊擁抱自己的慾望，也了解性從來就是為了愉悅自己，而不是取悅別人。

《破處女王》的奧莉芙

在如野生叢林的高中校園，奧莉芙原本是個隱形人，因為某次扯謊自己體驗了狂野性愛，已不再是處女，

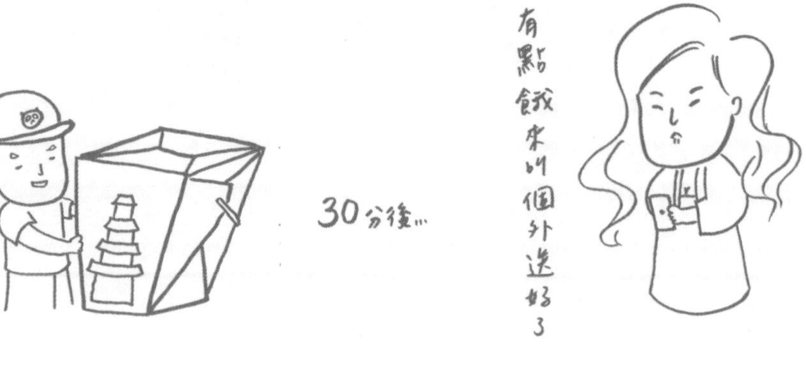

竟意外讓她成為校園的風雲人物，還開啟了另番事業——散播性愛謠言，幫助魯蛇男孩脫離處男之身。男孩和女孩的性有不一樣的評價系統，女孩的標準是貞潔，男孩則是經驗值競賽，假使一個男孩遲遲沒有發生性經驗，不管是性能力或性傾向，都會受到質疑，由此看來，奧莉芙做的可是慈善事業啊！隨著謠言越滾越大，奧莉芙的蕩婦形象也越來越鮮明，因為覺得一切都是謊言，她並不在意這些標籤，還仿效經典文學《紅字》的劇情，在胸口掛上代表「通姦」的「A」字符號，用叛逆的態度擁抱這個女性唯恐避之不及的形象，最後向所有人揭露了這個「社會實驗」的歷程——當社會恐懼女人的性，而女性也將這樣的恐懼內化時，你將會失去自己的價值。

在慾望的世界裡，不管吃虧還是占便宜，最重要的

是不委屈。肉食女的價值，從來就由她自己定義，這句話聽起來輕巧，肉食女卻是花了大半輩子才走在這條路上。如今已經成為古蹟的貞節牌坊，讚頌的是守貞，而不是回應自身情慾的女性。如果女孩橫豎都會被當成蕩婦，與其在嘴上掛著性，不如在胸口掛個A——女人就是A，A得有主體，A得有情慾，A得不卑不亢，A得擲地有聲。

六

翻轉社會　熱心公益

浮萍女

對抗飄零宿命，
在異鄉生根的移民女性，
稱爲浮萍女。

「女人如浮萍，無根任飄零」這樣的一句話，道盡了女性的辛酸，史書中數不盡的戰役，無不將女人視為戰利品，前後朝傳承了女人，部族間交易了女人，這群女人稱自己為浮萍女，彷彿從出生的那一刻起，就注定了她們飄零的命運。隨著時空移轉、物換星移，女人逐步拿回生命的詮釋權，正當大家以為女人不用再流離，現代卻仍有一群浮萍女在尋找自己的歸屬。浮萍女的故事，大抵是由一張單程機票開始的，她們離鄉背井的原因有許多，有的是心有所愛，有的為生活所需，在陌生的土地上，成為別人的伴侶與照顧者，付出自己的心力與勞力，讓我們一起聽聽她們的故事。

內人／外人

因著婚姻來到台灣的浮萍女，有著複雜的認同與處境。傳統認為娶進門的妻子是內人，嫁出去的女兒是外人；社會看待台灣人是內人，新移民是外人。公共電視曾以新移民為主題，拍攝了一系列的影片，其中又以《金孫》一片，讓浮萍女覺得最有共鳴。劇中女主角——金枝，從越南嫁到台灣的傳統家庭，因為語言的隔閡，金枝和丈夫難以溝通，覺得自己雖是內人卻像外人；為了傳宗接代，婆婆帶她上廟宇、試偏方，要她這個外人幫忙生個內孫；當婆婆發現金枝在越南有過孩子，待她的方式比對外人還要不如。如同金枝的處境，浮萍女常覺得自己在這個「內與外」的夾縫中求生存，裡外不是人。

家人／傭人

因著家務移工身分來到台灣的浮萍女，對於她們照顧的爺爺奶奶來說，有時候竟比家人還親。由植劇場推出的《花甲男孩轉大人》，述說了一個傳統大家族的故事。因為家族的核心人物——阿嬤病危，家族晚輩團聚在一起，當阿嬤奇蹟似的轉醒時，最想找的竟然不是兒孫，而是跟她的看護移工——阿春。阿春從十八歲便來台灣照顧阿嬤，在九年的時間裡，阿春和阿嬤互相陪伴；旁人都把她看成外籍幫傭，但在阿嬤心中，比起過節才會見到的兒孫，阿春才是那個常伴在身旁，被自己當成孫女來疼的人。浮萍女相信，有了真實的相處和陪伴，人與人之間的關係，不會只靠血緣來衡量。

女人／工人

因著國際移工身分來到台灣的浮萍女，有著女性與勞工的雙重弱勢身分。長期關注移工勞動權益的台灣國際勞工協會（簡稱TIWA），在二〇〇九年發表了《T婆工廠》，記錄了一群菲律賓女性移工追討積欠薪資的故事。二〇〇四年因為電子廠惡性倒閉，一百二十五位女性移工向TIWA尋求協助，隨著

抗爭，她們的多重弱勢處境也昭然若揭——因為外籍身分，她們無法隨意轉換工作；對法規的陌生，讓她們很難自行組織抗爭；想要主導申訴的男性主管，凸顯了長久以來的性別階層問題。除了記錄抗爭過程，片中的最大的亮點，便是七對因為工作結緣的女同志伴侶，她們在異鄉照顧彼此，互相支持，共同度過這個困境，讓浮萍女覺得這些女人好勇敢。

浮萍女的生命，太常被化約成某個社會議題，看見她們也是有夢想、有慾望的女性，才是她最想讓大家知道的事。這些女人選擇渡過國界，學習著新的語言，適應截然不同的文化，努力活出自己的樣子，原是無根的浮萍女，終究在異鄉落葉生根，展開了新的一章。

百花女

關心公共議題，
綻放社運能量的女生，
稱爲百花女。

說古——百年校園服儀規定

台灣的社會運動，在一九八七年解嚴之後，開始蓬勃發展，對於政治改革的期待就像一把野火，從社會蔓延進校園，成為學運的能量的基礎。從一九九〇年代的野百合學運、二〇〇八年的野草莓學運，到二〇一四年的太陽花學運，影響了民主、人權和經濟自由的進展。早期的學運並沒有太多女性身影，這跟傳統不鼓勵女性參與公領域討論，有著深厚的關聯。還好性別與公民運動在這二十年間持續灌溉，培養出許多有想法、有熱情的女孩。近幾年的學運，開始有許多女學生穿梭其中，百花女就是其中一員。百花女很喜歡學運以花朵作為精神象徵的構想，充滿草根與生命力，她想要喚起更多女孩關注公共議題，百花齊放，故稱自己為百花女。近年來，百花女自發性的組織運動，在各地開出了公民小花，邀請妳一起來聞香。

制服，是台灣在日治時期留下來的制度之一，大部分高中以下的學校，都還保留服儀規定，女生制服夏季多著裙裝，可說是具有性別刻板印象的設計。服儀在過去有強制性標準，透過學生的爭取以及性別平等教育法的保障，多數學校都取消強制裙裝，唯一留下的，是在進校門時穿著裙裝的規定，違規便會以警告處置。統一裙裝規定的常見理由是「維持校譽」，但卻無法回應認為「短褲比短裙隨便」的原因；此外，這個規定並未考量到學生可能因性別氣質、性別認同或其他個人因素不想穿裙子，這種只是為了管理方便而生的專制做法，引起百花女的不滿，開始了遍地開花的「制服革命」。二〇一〇年，台南女中的學生透過簡訊與網路串聯，號召了近兩千位同學，在升旗時集體脫下長褲，露出預穿好的短褲，高喊：「我要小短褲！」成功讓校方看見訴求，取消進出校門穿著裙裝的規定。二〇一五年的台中女中，二〇一六年的北一

女和景美女中，都在校園串連推動服儀改制行動。百花女的校內學運陸續獲得捷報，校方後來多以「自由選擇校服」作為應變，撤銷進出校門強制裙裝的規定。

話今——多元性別友善運動

近年來，因為同性婚姻議題的修法歷程，社會對於多元性別的討論度也順勢提高。在修法的不同階段，各地的百花女都發揮創意進行聲援。例如幾位花蓮女中的同學，在二〇一四年於網路上發起「『手』護婚姻平權，下一代串出來」的行動，希望號召支持婚姻平權的學生族群，比出手語符號的「愛」，拍下照片後回傳投稿，再由主辦方將投稿的告片及文字刊登在粉絲頁，這個極具創意的發想，短短時間便獲得了許多迴響，來自各地的學生，踴躍分享自己對於性別議題的看法，讓人充滿希望。位在台中的曉明女中，有位畢業生在二〇一七年的畢業典禮之後，到升旗台升彩虹旗，這個舉動在有宗教背景的校方看來非同小可，當下要她撤除。這位同學後來表示，是因為身邊有跨性別的同學，希望校園中可以看見性少數的存在。在馴化身心的校園場域，這位同學的勇氣，一定也會影響其他同學對於議題的關注。

很多大人會告訴百花女，不要管這些事，先好好念書，等你長大再說。這句話聽起來有點耳熟，就好像女性在上個世紀初爭取投票權，也有很多男人對她們說，不要管這些公領域的事，好好關心家裡就好。就算百花女想要照做，她也辦不到，當她發現社會傾斜時，便不能停止關心。社會運動的力量，不會在事件結束後消失，反而會持續喚醒更多人關注、投入個人在意的議題。學生運動的能量替百花女埋下社會正義的種子，在自己的身上發芽，從自己關心的議題出發，只有開始關心，才有改變的可能。

多情女

追求情感自主，
敢愛敢恨的女性，
稱爲多情女。

多情女有著很多別名，第三者、小三、狐狸精，人人喊打的過街老鼠，破壞家庭和諧，介入夫妻感情，又壞又有魅力。其實多情女並非有意介入別人的感情，有些時候她也是被蒙在鼓裡的一方，但若愛上對方，多情女便會選擇忠於自己的心，因為她覺得在愛情裡所有人都要為自己負責。她為愛承擔了汙名與罵名，但很多時候，她愛的人卻不一定會負起第二者的責任，這份愛情最終還是成為了女人和女人之間的戰爭。因為故事情節太有張力，有許多戲劇喜歡環繞在這個題材，雖然有很多刻板印象，但某種程度也反映了多情女的心境。

《犀利人妻》——小三之亂

二〇一〇年，一部以第三者為主題的偶像劇《犀利人妻》，挑起社會對於「小三」的討論。劇中第三者薇恩看起來既清純又有侵略性，敢愛敢恨的性格，讓她愛上了就不放棄，薇恩曾說過一句名言：「在愛情的世界裡，不被愛的那個，才是第三者。」雖然讓很多元配感到憤怒，但某種程度也是一個重要的提醒——兩人之間的關係，不是外遇的那一刻變質的，很多伴侶關係早就出了狀況，卻無心或是無力解決，將情感需求擱置的結果，便是找一個新的出口。但是要承認或是處理關係議題，並非容易的事，最簡單的做法，就是責怪介入關係的多情女了。

當妻子發現丈夫外遇，帶著憤怒、背叛、否定的情緒，找多情女談判，要求她離開這段關係，若是多情女拒絕，可能就會使用刑法的「通姦罪」來「制裁」這個破壞家庭和諧的壞女人。通姦罪的構成，必須舉證兩人發生性交的事實，再提告雙方通姦，但比較常見的是，妻子會單獨撤銷對於丈夫的告訴，畢竟提告的主因是希望對方回到自己身邊，而不是推開對方。這種使用刑法仲裁個人情感關係的做法，不但無助於解決問題，還會加強女性之間的對立，透過婦女團體推動修法，在二〇一七年時取消妻子單獨撤告的條款，未來在面對這個議題，或許就能回到情感面來切實討論了。

《世間情》——愛情超展開

劇中的大老婆思瑤和小三曉婷的關係演變，可說是鄉土戲劇史上的超展開。大老婆原本想要報復小三，隱藏身分接近對方，卻因為真實的相處和了解，讓大老婆和小三相愛了，從敵對的關係變成結盟，從異性戀的相處跨越到同志之愛，這個劇情轉折就連多情女也沒預料到。鄉土劇的收視族群，對於第三者的態度，往往都是譴責甚至唾棄，但是這群觀眾竟然完全接受瑤婷戀，甚至跟著她們一起罵身為第二者的男人。多情女看到結合多元情慾和多

元性別的設定，覺得實在太療癒身心了，幾乎讓她忘記了在愛情中承擔的汙名和壓力。

不若大家對於小三的刻板印象，多情女並非要從愛情裡牟利，只能怪月老亂點鴛鴦譜，讓她愛上了，就不想否定自己的心，對象是單身的就是她幸，若真有意隱瞞，也只能說是她的命，畢竟有誰會在交往的時候察看對方的身分證呢？對多情女來說，情感自主是很重要的事，受困在多角關係裡，也並非好受，要分享對方的時間，還有對方的愛，有誰會想要生活的一部分被消音呢？把愛給另一個人，對她來說從不困難，難的是她比較少把愛分給自己。多情女在愛情裡受過的傷，讓她學會照顧自己的感受，或許這樣，更能實踐她對情感自主的想望。

宜可女

關心性別與環境議題，
在生活中實踐理念的女性，
稱爲宜可女。

女性主義從十九世紀醞釀至今，發展出不同面向的關懷，在一九七〇年代有女性主義者提出了關注女性與自然連結的「生態女性主義」，被視為是第三波女性主義的思潮。

生態女性主義常提到兩個具有代表性的運動，其一是一九七〇年代印度地區的抱樹（Chipko）運動，因為政府大量砍乏原始森林，改種有經濟效益的尤加利樹，當地的婦女便號召居民環抱樹木，成功阻擋伐木政策；另一個則是由肯亞女性發起的綠帶（Greenbelt）運動，在當地盜伐樹林嚴重，除了造成沙漠化的擴展，女性必須走更遠的路，才能獲得水源和木柴，透過計畫性植樹，這些困境獲得了改變。

對於同時關心性別議題與環境議題的宜可女來說，生態女性主義是和個人理念最契合的論述。宜可女的名字來自英文的「ECO」，也就是「生態」的意

思。她覺得父權文化對於女性的宰制，就好像人類對於環境的予取予求，總想做些什麼來改變現況，決定開始在生活中實踐。

食

宜可女喜歡自己動手做料理，某次在找尋安心食材時，接觸到了主婦聯盟合作社。在各個社區都有據點的主婦聯盟合作社，就像社區裡的議題基地。合作社成立於一九九三年，一群關心食安議題的媽媽發想出「共同購買」的方式，集合一百個家庭向農民購買安心農產品，真正達到農民和消費者的互惠。要成為社員，需要透過入股的方式，合作社也會定期舉辦課程，讓宜可女學到好多「環保食安小撇步」。宜可女現在出門都會準備環保餐具以及玻璃餐盒，自煮時就購買主婦聯盟的農產品，她發現自己製造的垃圾量明顯變少，吃得也更加安心。

衣

小時候不懂事，宜可女也曾是快速時尚的信徒，偶爾將不再穿的衣服拿去回收，覺得自己對環保還是盡了份心力。宜可女後來發現，為了因應這個快速汰換的成衣市場，目前大部分都是使用基因改造棉花，在種植時對環境有很大的負擔；第三世界的紡織廠裡大部分都是女工，越便宜的衣服，就代表了她們的勞動條件越差；紡織廠的化工染料汙染了河川，也汙染了海洋。宜可女現在不再亂買衣服，號召幾個身形相近的朋友成立換衣社團，現在成員愈來愈多，每個月都可以換到不一樣的衣服，既節省開銷，也不會成為壓迫環境的一分子。

住行

宜可女在家奉行節能減碳計畫，用牆上掛著的反核旗，隨時提醒自己—順手關燈，將不用的電器拔掉

插頭，夏天盡量忍著不要開冷氣，使用環保材質的製品。出遠門時選擇搭乘大眾交通工具，近一點的地方，宜可女會騎單車，既環保又能增加運動，一舉數得。很多人說她這是徒勞無功，就算宜可女嚴以律己，還是會有很多人浪費資源。宜可女倒覺得，不管要落實何種信念，最簡單的方式就是由自己出發，假以時日，周遭的人也會開始改變。

宜可女誠實的說，要改變生活形態並不是一件容易的事，科技帶來太多便利，讓人們很容易妥協。每個人都從環境裡拿走了一點什麼，卻沒想過代價，要是地球向我們追討，後果絕對是人們承擔不起的，我們可以做的，就是從現在開始關心。宜可女透過個人的身體力行，關懷性別與環境議題，正是生態女性主義最重要的理念。

家給女

捍衛家庭主婦的勞動權益，
爭取家務有給的女性，
稱爲家給女。

有一種工作，一天上班二十四小時，全年無休，沒有加班費、補休、勞健保，大部分的職缺都是女性限定，這個一次違反勞基法和性別工作平等法的工作，叫做「家庭主婦」，妳也可以稱她們為「家給女」。家務無給，任勞任怨，瑣事繁重，低成就感，結婚時親友祝賀的「家給人和」，在家給女聽起來實在辛酸，應該要換成「加給人和」比較貼近真實。家給女日復一日，把家庭和樂建築在自己的過勞上，想看個日劇舒壓，好巧不巧轉到「月薪嬌妻」，劇中將「家務有給」具體呈現的情節，點燃她心中革命的火焰，家給女決定站出來，為家庭主婦爭取她們應有的勞動權益。這把火如何從日劇燒出一個革命，讓我們一起來聽聽家給女的訴求。

無給責任制 vs. 專業加給制

為了瞭解家庭主婦的工作內容，家給女記錄了自己

的一天。清晨五點起床，簡單梳洗之後製作一家人的早餐，六點叫丈夫和孩子起床，六點半再叫一次，七點送孩子上學，順道繞去菜市場買菜，掂著這個禮拜的伙食費，想著要家人吃得營養又不能超支；回到家把髒衣服洗了，順手將隔夜菜熱了當午餐，吃飽後曬衣服、吸塵、拖地、把散落的物品歸位，一抬頭已經四點，差不多可以出門接孩子。返家後一邊做晚餐，一邊照看孩子寫作業，丈夫今天準時回家一起吃飯，收拾完餐桌就幫孩子洗澡，接下來是床邊故事時間，把孩子哄睡了，趕緊洗個澡，簡單收拾一下，也到了自己的睡覺時間，隔天起床再續。先不提與孩子賭氣論理，和丈夫吵架溝通的情緒勞動，她覺得自己的功能，幾乎和《哈利波特》中的家庭小精靈無異，看得她悲從中來。

對價關係，折損愛情？

常有人說，現在的性別分工，不過是因著男女的特質差異順勢而為，在美栗看來，每個人會特別擅長做某些工作，都是透過學習累積而來，若要把家務勞動說成是女性專屬的「天職」，男性不擅長家事是天生的限制，那就太低估人類的潛力了。家務有給的另一個爭議，在於很多人擔心，如果做家事也要講究對價關係，愛情難道不會被折損嗎？對於這種浪漫派的說法，家給女倒是很實際——傳統習俗看待婚姻，本來就有對價關係的意涵。不管是透過自由戀愛媒合，或是經由獵人頭公司（媒人）撮合，從婚禮的聘金禮俗，到拜別父母的儀式，最後將人力資源從女方搬運到男方家，不就是人力派遣的完整流程嗎？真正會折損愛情的，是關係裡的理所當然，先要求對方為了愛而付出，再讚揚對方不求回報。忍耐到最後，才發現愛情存摺早就被提領

一空。

家給女追求的「家務有給」，在二〇〇二年曾有相關的立法討論。當時有立委提案增訂民法條文，認為夫妻一方若有負擔家務勞動，讓伴侶能無後顧之憂，就可以向對方請求「自由處分金」，在意義上與生活費的最大差異，在於看見家務勞動的相對價值。因為反對聲浪實在太大，這個法案並未推動成功。家給女知道革命不會一次到位，她決定先邀請身旁的主婦朋友一起看《月薪嬌妻》，並進行映後座談；接下來想邀請幾個深居簡出的家庭主夫，來談主婦業界的性別職業隔離，以及主夫汙名的現狀。家給女的最終目標，是想組織一個家庭勞動者工會，為苦海中的家務勞動者發聲。

七

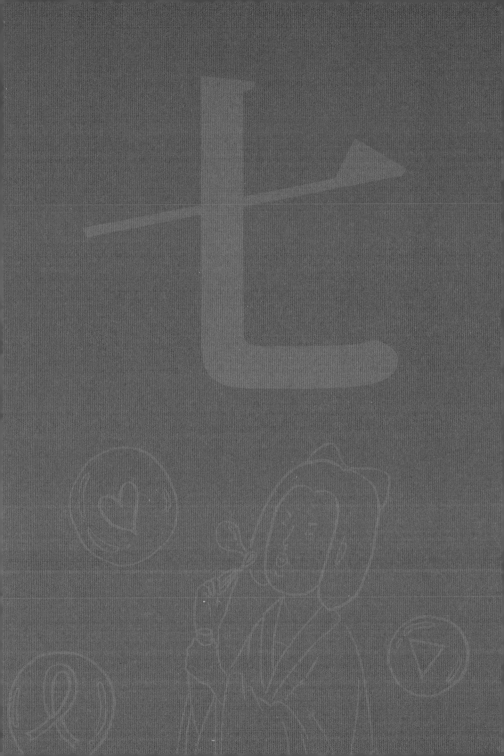

翻轉性別

打破藩籬

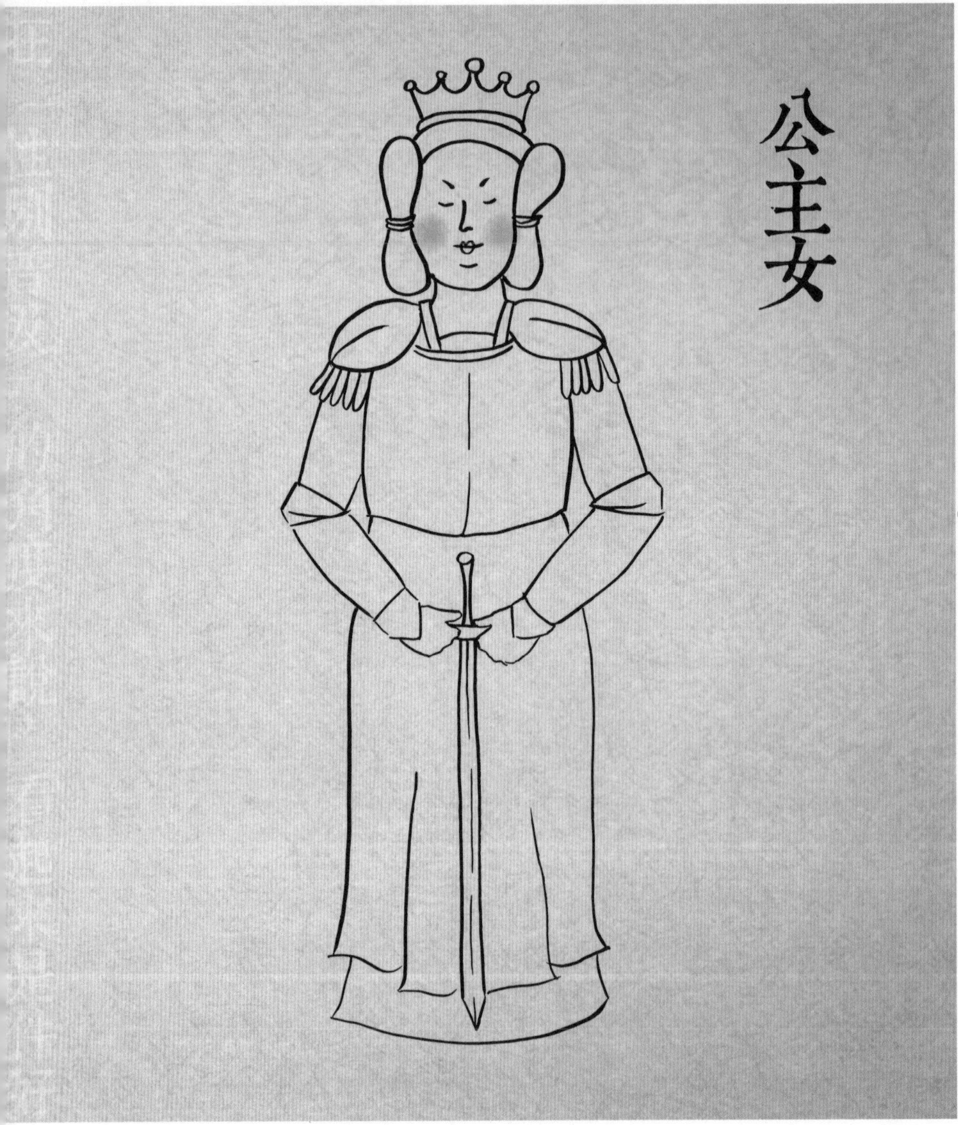
公主女

看見女性多元形象，
致力去除公主汙名的女性，
稱爲公主女。

有一群女孩，從小聽著公主的故事長大，最大的夢想就是成為一個公主。她們對公主的故事如數家珍，睡著的、長髮的、皮膚雪白的公主們，甜美可愛，謙遜體貼，就算落難也都努力知足，完全符合所謂「女性的美德」。殊不知這些美德，正是對於女孩的束縛。於是公主手無縛雞之力，只能等待王子拯救自己；巫婆或後母用盡心機，想要剷除年輕的競爭者；到了最後一頁，還用「從此過著幸福快樂的日子」的糖衣來包裝，簡直比魔咒還可怕。其實女孩想成為公主並不是件壞事，因為公主也有百百款，有再現刻板印象的，當然也有打破傳統的公主。不一樣的公主，有著怎樣的生命故事呢？

繪本——《紙袋公主》

這是一個穿著紙袋的公主，運用智慧制伏噴火龍的故事。原本期待嫁給帥氣王子的公主，遭到噴火龍的襲擊，王子也被擄走，索性將紙袋當成衣服穿，充分展現出危機應變能力。紙袋公主一路追蹤噴火龍，在正面對決的時刻，她沒有依照傳統拿起王子們愛用的屠龍刀，只用了幾個問題便將噴火龍的體力消耗殆盡，以智取的方式成功救出王子。就在重逢之時，王子卻嫌棄公主穿的紙袋不體面，讓公主看清王子是個膚淺的草包，決定把王子甩了。紙袋公主的帥氣身影，連女生看到都忍不住心跳加速。

繪本——《頑皮公主不出嫁》

到了適婚年齡的頑皮公主，被國王和皇后逼著相親，但她一心只想跟自己豢養的寵物們一起生活。於是想了幾個困難的任務，讓提親的王子們知難而退。唯有一位王子輕鬆的達成了頑皮公主的考題，讓頑皮公主不甘願的送上約定好的一吻，沒想到王子忽然變成了一隻青蛙，解決了頑皮公主的逼婚危

她是個公主
同時是個髮型設計師

她是個公主
同時是個職業運動員

機。頑皮公主和她心愛的寵物，從此多元成家，過著幸福快樂的日子。

動畫——《冰雪奇緣》

這些年最受歡迎的另類公主，莫過於擁有冰雪魔力的艾莎，還有勇敢堅強的安娜了。因為害怕自己的魔力失控，艾莎選擇把所有人都推開，只有將自己隔離到冰宮裡才感到自由；安娜為了找回姊姊，歷經重重難關，甚至被魔法冰封起來。最後拯救了安娜的真愛，並不是男主角的吻，而是姊妹之間的感情和羈絆，不知賺了多少熱淚。除了公主的冒險故事，片中還有一個習俗彩蛋——在開頭讓安娜一見鍾情的漢斯王子，因為自己有十幾個兄弟，根本不可能繼承王位，需要入贅到其他王室，才有機會成為國王，只能說故事也點出了王子的辛酸啊！

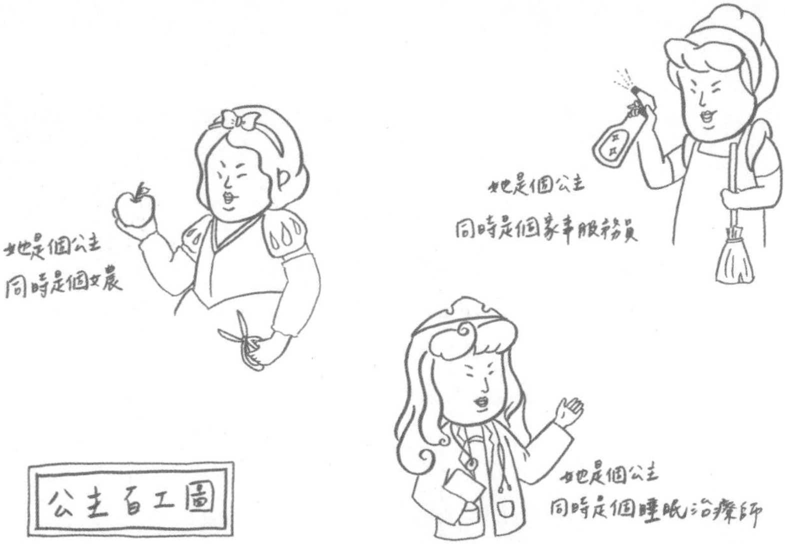
她是個公主
同時是個女農
她是個公主
同時是個家事服務員
公主百工圖
她是個公主
同時是個睡眠治療師

很多人常用「公主病」一詞來譏笑女生，但這些不一樣的公主告訴我們——要成為一位公主，謙虛內斂是必要的，但公主女絕對不會一味的順從，接受對於公主的刻板印象；要成為一位公主，善良勇敢是必要的，但公主女不會只是被動等待救援，或是放棄自己的夢想。女孩可以同時是公主，也是獸醫、園丁、老師、設計師。公主喜歡的不一定是王子，也有可能是另一位公主。公主女深信，對於女性的刻板印象終有一天會消失，而公主女的冒險故事，將會長久的流傳下去。

紅粉女

對粉紅色充滿狂熱，
不吝分享粉紅色力量的女性，
稱爲紅粉女。

你可能也見過這樣的女孩，衣服要粉紅色，鞋子要粉紅色，生活好像被粉紅泡泡包圍，她們的名字叫作紅粉女。紅粉女的第一個粉紅色收藏品，是她的圍兜兒和包屁衣。其實紅粉女的媽媽並沒有偏好粉紅色，只是幼兒用品僅有兩種選擇——粉紅色給女生，粉藍色給男生。從善如流的結果，使得粉紅色成為紅粉女開眼後第一個看到的顏色，如同印痕作用一般，從此種下她的粉紅色狂熱。雖然紅粉女有眾多知己，不過也有人擔心粉紅色柔軟可愛的印象，會讓人覺得女性很孱弱。紅粉女當然不這麼認為，決定和眾人分享她的粉紅力量。

粉色是最強壯的顏色

在現今的文化裡，粉紅色代表了陰柔的意象，和女性特質有很多連結。對於強調男子氣概的男性養成教育來說，任何暗示陰柔氣質的概念都是大忌。男性看到粉紅色，直覺的反應便是「很娘」，就連小男生都會排斥。不過大家不知道的是，在一九二〇年代，粉紅色代表了誠懇與勇敢的特質，許多男性都會穿戴粉紅色的服飾，既可表現人品，也是一種時尚的象徵。而藍色在當時代表了純潔，為女性的顏色。在短短幾十年間，顏色的性別意涵有了一百八十度的轉變。對紅粉女來說，粉紅色當然也可以剛柔並濟囉！

粉色是充滿女性能量的顏色

看到粉紅色緞帶，第一個浮現的便是「關懷乳癌」的行動。這個符號的設計者——夏綠蒂海莉（Charlotte Hayley），原是一位乳腺癌患者，為了呼籲立法者能多投注資源在癌症的預防工作上，她製作了手工卡片，配上桃紅色緞帶，後來將緞帶改成粉紅色，成為現今廣泛流傳的意象。粉紅色除了有關懷女性健康的意象，同時也是女性主義的代表色喔！

粉色是愛與多元的顏色

粉紅色和多元性別的連結，可以回溯到二次世界大戰期間。當時德國刑法將同性戀視為犯罪，在希特勒執政後，更是將同志視為次等人種。在納粹集中營裡會使用「粉紅色倒三角」的符號來標記男同志，這些男同志可能遭遇到去勢、勞改或死刑等可怕的對待。後來的同志運動把粉紅色倒三角的意義翻轉過來，將其作為「反恐同」的代表符號，提醒著人們，絕對不要讓悲劇再次發生。此外，每年的五月十七日被訂為世界反恐同日，在各地都有粉紅色的串聯，象徵著愛與多元，以及對於同志身分的驕傲。

由此看來，粉紅色是不是一點也不嬌弱了？顏色本來就不是只有單一的意涵，紅粉女要做的，就是找到詮釋的力量。讓女孩們變柔弱的不是顏色，而是加諸在顏色背後的刻板意象，當我們看清楚這件事，不管女性身上抹著什麼樣的色彩，她們還是可以跑得快、爬得高。喜歡粉紅色的男性也可以毫無畏懼，大大方方的將粉紅色穿上身，好好感受粉紅色帶來的力量。

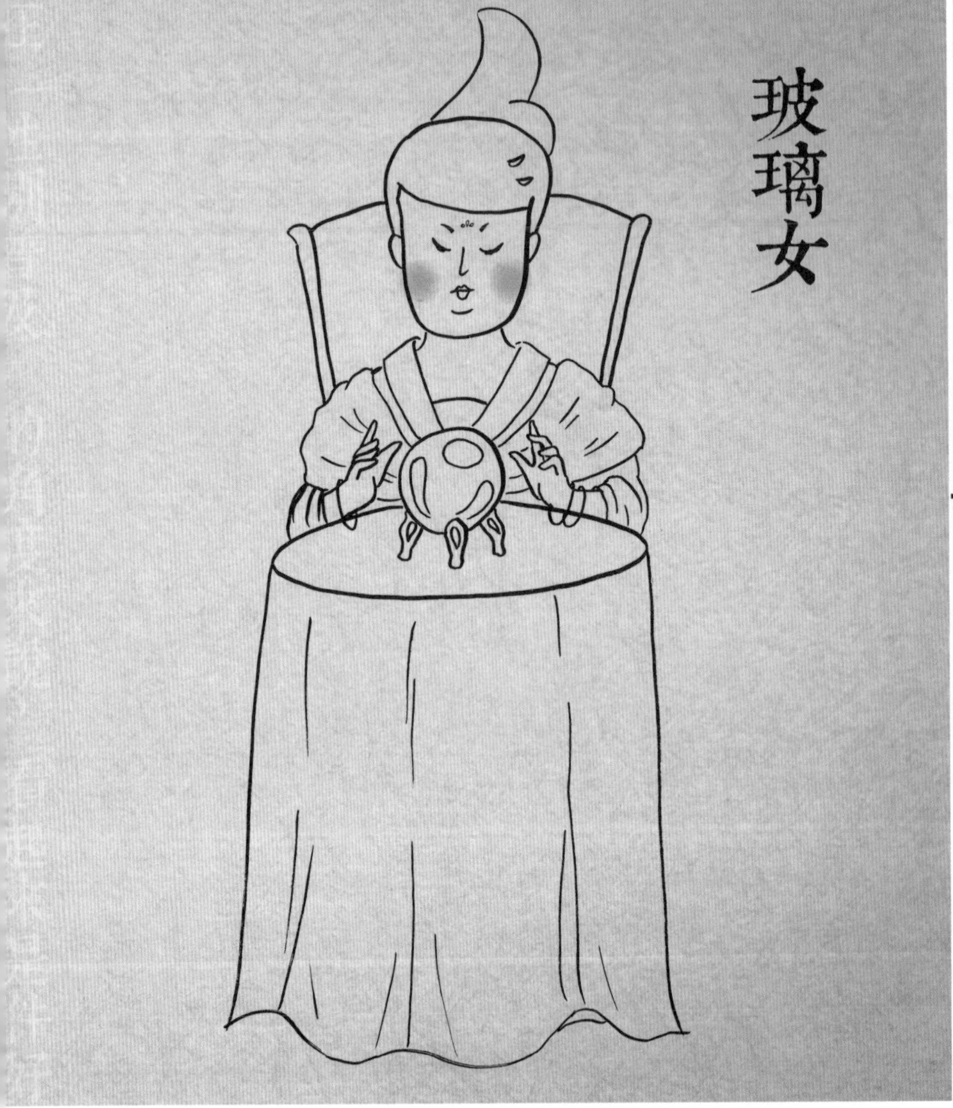
玻璃女

翻轉女性脆弱形象，
反射保護主義的女性，
稱爲玻璃女。

有很多人認為，女人是一種情緒化的生物，甚至有不少科學研究都證實了這樣的觀點。我們常用「歇斯底里」形容情緒不穩的人，它的字根來自古希臘文的「hystera」，也就是子宮的意思，當時的人深信，因為女性的子宮在身體裡亂竄，才會導致暴躁、悲傷、不安等強烈情緒反應，這個概念在二十世紀被精神醫學重新定義，但女性情感脆弱的形象已定，很難改變了。這個印象影響到許多人對女性的評價，說女人好像玻璃一樣，一摔就碎，玻璃女要鄭重澄清，她們的硬度很高，摔不碎砸不破，還能透徹的反映出男性投射的保護慾望。對於玻璃女的迷思有很多，以下就舉幾個最常見的刻板印象和大家分享。

女生愛哭

史上以愛哭出名的，莫過於孟姜女了。丈夫被徵召去蓋長城時，她放聲大哭；聽聞丈夫因病過世，她放聲大哭；在長城邊找不到丈夫的屍體，她又放聲大哭，她哭倒了長城，哭出了名號，但還是有人會質疑，哭能解決什麼事情？玻璃女覺得這個問題很奇怪，很明顯的，哭泣是為了解決情緒需求不是嗎？在難過的時候停下來照顧自己，抱抱自己，因為心疼自己而哭泣，不就是最主要的意義嗎？我們可以觀察到，在男子氣概的養成之中，是不鼓勵男孩表達情緒的。「想哭的時候就倒立，這樣眼淚就不會流出來了。」這句熱血電影的經典對白，不知讓多少男孩倒立到腦充血，害怕自己的眼淚透露出脆弱，害怕自己哭得「像個女孩」，一點都不健康。

女生很敏感

很多人說，女人心細如髮絲，稍有不慎就會踩到雷，不過是開個玩笑，玻璃心碎滿地。玻璃女覺得這個問題也很奇怪，會讓人家感到不適的笑話，是不是就不要說出口呢？天知道女生一輩子要聽多少玩笑話，開你性別的玩笑，開你身材的玩笑，開你單身的玩笑，開你能力的玩笑，如果每聽一次就碎一次，現在應該人人身處在沙漠裡了。玻璃女一直在推廣「要開就開自己的玩笑」這個哲學，這並不是嘲諷，看看史上有名的喜劇泰斗，向來都是幽自己一默。正是因為我們無法得知別人在意什麼議題，有時候甚至會碰到對方最脆弱的痛點，最尊重彼此的方式便是不要去踩雷。

比起前兩個問題，玻璃女覺得對於女性的保護主義，才是女性被視為脆弱的問題核心。很多友善的男性覺得社會對於女性還是很不友善，發自真心想要保護玻璃女，玻璃女很謝謝這些善意，但這種個人化的協助效益太低了，如果能把焦點轉向「如何

改善這些不友善的處境」，是不是就能保障更多女性不會碰到任何麻煩呢？

如果擔心女性單獨行動有人身安全的疑慮，你可以陪她走一段，但這只能解決她一個人的問題；你也可以陪她去參加行動表達訴求，推動教育修法，便可以解決更多女性的問題。玻璃女覺得自己最脆弱的時刻，其實是當她發現社會用很不公平的方式在分配資源時，遭遇到的無力感。玻璃女需要人手，一起確保社會給予女性的資源不會被挪用、瓜分，歡迎加入守護玻璃女的行列。

野生女

具有冒險精神，
喜愛各種挑戰的女性，
稱爲野生女。

野生女從小電力充沛，能跑就不走，能站就不坐，她們對這個世界充滿好奇，不停探索，挑戰極限，就算會把自己弄得髒兮兮也不在乎。有人會笑野生女「沒個女生的樣子」，這句話總是讓她困惑，到底是因為他們沒有看過不一樣的女生，還是社會期待所有人都只有一種樣子？用野生女的話來說，如果花只有一種顏色，樹只有一種高度，雲只有一種形狀，這個世界不會變得很無聊嗎？溫柔的女孩很好，像野生女一樣愛冒險的女孩，同樣充滿魅力。渾身是勁的野生女，總是準備迎接下一次的挑戰，以下就用二本書，分享野生女的冒險故事。

《堅持。與自己對決的勇氣》

劉柏君從小就是棒球迷，喜歡看球也喜歡打球，後來投入棒球裁判的領域，成為台灣第一位國際女主審。主審在每場比賽都要穿上十幾公斤的護具，蹲踞最少二百五十次，還要聚精會神判定球路，對體力和精神都是極大的挑戰，因此劉柏君平時便相當注重體能訓練。曾經有老前輩對劉柏君說，女性之所以沒辦法當主審，是因為根本沒有女性的護具，這種說法當然是倒因為果，但也讓她看見運動領域只以男性為主體的狀況。劉柏君除了參與球賽執法，也投入女子棒球的推廣，期待有更多野生女一起在球場發光發熱。

《挑戰，巔峰之後》

在二十四歲時登上聖母峰，三十七歲就完攀世界七頂峰的江秀真，是台灣第一位完成此項創舉的女性。從小擅長田徑，她一路跑到專科，打下優秀的體能基礎。在二十二歲那一年，她放棄工作投入攀登聖母峰的訓練，面對三分之一的死亡率，

成功站上世界的頂峰。脫離社會環境的脈絡，在山上的性別角色沒有那麼明顯，但還是會觀察到一些有趣的差異。江秀真回憶，高山攻頂需要數月的時間，前半段男性的體能爆發力較好，她常遠遠落後，但靠著耐力和調節，在後半時間甚至超越了男性隊員。在山上，一個錯誤的決定便會影響到生命安全，江秀真做足體能訓練，學習許多專業知識，遇上任何情況都相信自己，冷靜判斷，接下來將投入登山教育，帶領更多人迎接山的挑戰。

野生女從未對自己設限，對她們來說，一百個女孩，就該有一百種樣子。有人擔心野生女受傷，好意提醒她：「這些環境可不會特別禮遇女性。」但其實會讓人受傷的似乎不是缺乏禮遇，而是缺乏理解——包含女性對自己的理解，還有社會對女性的理解。對於野生女來說，不管面對任何挑戰，都要理解自己的能力，相信自己的判斷，而社會也要看見女性面對挑戰的能力，而不是把女生當成需要保護的個體。效法野生女的人生哲學，我們的生活將過得精彩，心也會活得開闊。

後語——父權大風吹

近年來，越來越多人關心性別議題，在「性別普及」的角度來說，看起來是件好事，沒想到意外的激起性別對立（其實也沒那麼意外）。很多男性抱怨女性主義者老愛開「父權地圖炮」，把性別困境全賴在男人身上。壞男人做的事要好男人負責，一竿子打翻一船人。近來，女性主義甚至被形塑為負面詞彙──製造性別對立，在雞蛋裡挑骨頭。享受女性福利的時候不提，只要感覺到被差別對待，立刻抱著女性主義哇哇叫，分明是在吃女權自助餐。

對於女性主義者來說，這是一個錯誤的理解。你可以把父權體制想像成無差別格鬥派，它的願景就是統一武林，讓所有人都跟著父權的規則走，見一個打一個，不管是女性或男性，都逃不了父權體制的壓迫。女性主義者對抗的是父權，並非男性個人。女性主義的關懷，其實是希望每個人都能觀照自己，如果你的條件很符合主流標準，只能說你真的很幸運，假使你的性別光譜排序不是落在主流的範圍內，女性主義便會捍衛你做自己的權利。

隨著性別的框架漸漸鬆動，父權也收斂了它的張牙舞爪，邁向細緻化的發展，但越是這樣，我們就要更警覺，會不會陷入了父權的遊戲規則。人們對「歧視」二字越來越敏感，就連以仇女為基本教義的母豬教，都會澄清自己「不仇好女人，只仇壞母豬」。這個時候如果立刻跳進好女人壞女人的討論，或是急著澄清自己是個好女人，那麼只能恭喜你，接下來就要被拉入父權大風吹的野蠻遊戲了。

在這個遊戲裡，掌控大風吹遊戲的關主就是父權本人，原本十個人有十把椅子，人人有得坐，但這個遊戲的目標就是靠著製造匱乏感來增加對立，這樣就不會有人去想，我到底為什麼要在這裡搶椅子。現在剩九張椅子，等著關主唱出第一題。大風吹，吹什麼？吹……沒有公主病的女人！所有女性開始搶位，經過一陣混亂，沒坐到椅子的那個女人，默默拿了張公主病的貼紙，貼在自己身上。沒有人會想到要質疑，什麼是公主病？這是誰定義的？女人和公主病又有什麼關聯？因為我們忙著搶椅子，要成為那個沒有公主病的人。當有人開始覺得不太對勁，關主又開始唱下一題了。

這就是為什麼女性需要搶回詮釋權，翻轉關於女人的負面定義。否則我們會在父權的邏輯裡繞，最多只能自保，對於性別階級的翻轉完全使不上力。我們要做的，是把那張椅子搬回賽局，也或者我們可以放更多的椅子進去，隨著越多人占領父權遊戲的平台，我們就能竄改、甚至解構父權的遊戲規則。在這個目標下，女性男性都是盟友，分徑合擊，我們甚至不用寫出另一套遊戲規則。

女性可以跳脫性別刻扮印象，不受傳統束縛；可以擁抱自己的身體，不一樣又怎樣？女性可以挑戰任何她想做的工作，只要她有興趣；可以在公共空間裡怡然自得，安身立命；女人可以擁抱自己的愛情和慾望，可以參與公共議題，可以打破性別的框架。透過這些翻轉，女人將不再被父權傳統綑綁，終獲自由。

國家圖書館出版品預行編目(CIP)資料

女子翻轉 / 謝馬力著. -- 初版. -- 臺北市：
大塊文化, 2017.08
面； 公分. -- (Catch ; 232)
ISBN 978-986-213-806-9(平裝)
1.女權 2.平權教育 3.性別平等
544.52 106010964